重塑身体 重塑生活

人马君 著

机械工业出版社
CHINA MACHINE PRESS

本书作者人马君从日常粉丝互动最经常被问到的问题中，选取近百条健身爱好者在健身的概念、方法、计划、饮食等方面最为苦恼的问题在书中进行详细解答。本书由国内知名的健身垂直领域自媒体——人鱼线VS马甲线专家团撰写，采取其他同类书中从未有过的Q&A（问与答）形式进行内容编排，是一本健身者必不可少的进阶宝书！

图书在版编目（CIP）数据

重塑身体重塑生活 / 人马君著. — 北京：
机械工业出版社，2017.11
ISBN 978-7-111-58486-5

Ⅰ. ①重… Ⅱ. ①人… Ⅲ. ①健身运动 – 基本知识
Ⅳ. ①G883

中国版本图书馆 CIP 数据核字（2017）第278012号

机械工业出版社（北京市百万庄大街22号 邮政编码100037）
策划编辑：赵 屹 王 炎 责任编辑：王 炎 赵丽丽
责任校对：黄兴伟 版式设计：张文贵
责任印制：常天培
北京联兴盛业印刷股份有限公司印刷

2018年1月第1版 · 第1次印刷
165mm × 235mm · 13.25印张 · 198千字
标准书号：ISBN 978-7-111-58486-5
定价：58.00元

凡购本书，如有缺页、倒页、脱页，由本社发行部调换

电话服务	网络服务
服务咨询热线：（010）88361066	机工官网：www.cmpbook.com
读者购书热线：（010）68326294	机工官博：weibo.com/cmp1952
（010）88379203	教育服务网：www.cmpedu.com
封面无防伪标均为盗版	金书网：www.golden-book.com

TABLE OF PREFACE

序言

重塑身体、重塑生活——希望帮助更多中国人收获健康的生活方式

和大部分中国的孩子一样，我从小也是“重学业、轻体育”，那时候觉得这辈子不会和“健身”有关联。毕业后进入中国知名投行中金公司工作，在投行每周工作八十个小时，加班到凌晨是家常便饭，繁重的脑力劳动和不规律的生活作息让自己的身体迅速膨胀，人也倍感疲惫而憔悴。

高压力、快节奏的工作状态，让我的体重一下子从 120 斤飙升到 160 斤，脂肪肝、尿酸偏高也都迅速“送货上门”。

一个偶然的机会，我开始健身。通过一段时间的科学锻炼和饮食管理，身体发生了明显的变化，人也比以前精神很多。我会以无氧运动为主，有氧运动为辅。崇尚通过无氧运动增长肌肉，提高基础代谢，让体型变得更紧致，养成易瘦体质。而有氧运动可帮助减脂和提升心肺功能。

同时，我始终坚持“科学健康的饮食，也是减脂环节中非常重要的一环”。正确认知饮食的重要性，抛弃断食、节食的错误观念，选择优质蛋白质、碳水

化合物和脂肪摄入，同时补充足量的维生素和水分，能帮助我们的身体找到最好的养分。

身体是一座圣殿，每一次运动，每一顿健康的食物，每一滴汗水，都会实实在在地完成看得见的蜕变，使我们的身体变得强韧、美丽。

创业维艰，其强度和难度不亚于原来投行的工作。但健康的生活习惯让我能够保持良好的身体和精神状态，无论是颈椎、腰椎疼痛，还是高血脂、高血压等常见心血管病，都离我远远的。更重要的是，健身让我保持了充沛的精力和积极向上的精神状态，使得自己的工作和生活效率都提高了很多。

创业以来，我们秉持“为人类美好身材与灵魂不懈奋斗”的初衷，以“重塑身体、重塑生活”为目标，帮助超过30000人成功蜕变。在人马君的学员里，有成功减肥而收获心仪之人表白的少女，有成功减脂顺利备孕的少妇，有成功瘦身重获自信的产后妈妈，也有焕然一新获得了更好职业发展的白领精英，还有重新找回年轻青春活力的企业家……人马君一直在践行设立之初的理念，希望帮助更多人重塑身体、重塑生活！我期待更多人的加入。

人生，没有多少时间可以消磨，别让身体和思想活在不完美的惆怅中，你消除了不该存在于你身上的赘肉，你就能以同样的毅力消除你思想上的赘余。

本书中，人马君团队从生理学、心理学、运动学等角度为广大读者解密了人马君的实践研究成果，以及针对亚洲人身体特征设计的专属训练，希望这本书在助你雕琢出美好体态的同时，也能助你收获健康的人生。

人马君 CEO

王 寅

TABLE OF CONTENT

目录

第五章 三分练、七分吃——饮食的重要性

第六章 增肌、减脂计划

CHAPTER 1

第一章

减重≠减脂

人鱼线 VS 马甲线

你真的“胖”吗?

首先，要明确一点，体重数据本身并不能真实客观地反映你的体重是否正常。如今，很多人会使用BMI（Body Mass Index，BMI，身体质量指数）来衡量自己肥胖与否。BMI一定程度上反映身为成年人的你体重是否正常。

身体质量指数（BMI）= 体重（kg）÷ 身高^2（m）

表 1-1　BMI 值与体重之间的关系

BMI 值	体重
<18.5	过轻
18.5~24	正常
24~27	过重
>27	超重

国际上的许多专家都表示，成年人比较理想的BMI值的范围是21~23。但是，我们并不能就此认为，BMI值越低就代表越“瘦”，BMI值越高就代表越“胖”。否则无法解释同样身高体重的人，为何有的看起来很纤细，有的却看起来很浮肿，难道有人天生就比较会“藏肉”？

要解决这个疑惑，需要先了解我们的体重大体是由哪些部分构成的。答案是，四个部分：骨骼、肌肉、水和脂肪。

首先是骨骼，骨骼是先天形成的，后天无法改变。所以骨骼大、骨密度高的人，体重必然比骨骼小、骨密度低的人高。

其次说肌肉，肌肉是人体的第二颗心脏，它不但是健康和力量的象征，更是帮助人维持充沛精力和良好状态的好帮手。肌肉体积小、质量高，也就代表着密度大 。所以，两个同样身型的人，站在一起比较，肌肉多的人，体重必然比肌肉少的人高。

再次，水是最容易导致体重数字变化的人体组成部分。回想一下，你会发现喝水前后、排汗前后的体重都会有明显的变化。所以，因代谢问题而水肿的人，体重必然比代谢正常的人高。

最后，来说说脂肪。其实，脂肪的多少，才是真正判定我们传统理解中“胖”或“瘦”的标准。有意思的是，脂肪偏偏是密度最小的人体成分，这就是为什么一个体重轻的人，很有可能比一个体重更重、肌肉更发达的人显得胖。由此可见，体重和胖瘦的关系是非常复杂的，不能仅用体重秤上的数字或是BMI值来衡量。

怎样正确地判定自己是否需要减脂?

由于体重的构成和变化的原因比较复杂，所以，单纯用 BMI 值来衡量一个人的胖瘦是不科学的。因此，必须结合另一个数据——体脂率，才能较为全面地了解一个人的胖瘦情况。

体脂率，顾名思义就是人体内脂肪质量占身体总质量的百分比。体脂率是反映一个人胖瘦程度最直观有力的数据，剔除了骨骼、肌肉和水分对体重数字的影响。值得一提的是，体脂率根据性别有两套评测标准，女性出于生理原因（排卵、生育、哺乳等），体脂率本身就比男性高。

表 1-2 体脂率的判定标准

男性体脂率（%）	体脂率评判	女性体脂率（%）
<10	过低	<15
10~15	低	15~20
16~20	标准	21~25
21~25	高	26~30
>25	过高	>30

用表 1-2 所示的体脂率作为唯一的判定依据，也有一定形而上的成分，因为体脂不仅仅包括皮下脂肪，还包括内脏脂肪——一个“瘦子”很有可能内脏脂肪超标。因此，我们也不必过分迷信于数据。有时候，目测自己的身形比数据更能说明问题。最直观地就是观察自己的腰和腹部，通过表 1-3、表 1-4 中的描述可以作个比较，大概就能有所了解了。

表 1-3 不同的成年男性体脂率与体型特点

体脂率（%）	是否能看见腹肌	身体特征参考
>30	×	腰围：>100 厘米
28~30	×	腰围：96 厘米 ~ 100 厘米
25~27	×	腰围：91 厘米 ~ 95 厘米
22~24	×	腰围：86 厘米 ~ 90 厘米
19~21	×	腰围：81 厘米 ~ 85 厘米
16~18	×	全身各部位仅腰腹部轻微松弛，理想型
13~15	√ 腹肌开始显露，分块不明显	全身各部位几乎不松弛，理想型
10~12	√ 腹肌分块明显	全身各部位不松弛，理想型
7~9	√ 腹肌、腹外斜肌分块更加明显	背肌显露， 健美运动员竞技状态
4~6	√ 腹肌、腹外斜肌一目了然	臀大肌出现横纹，健美运动员最理想的竞技状态

表 1-4　不同的成年女性体脂率与体型特点

体脂率（%）	是否能看见腹肌	身体特征参考
>40	×	腰围：>100 厘米
38~40	×	腰围：96 厘米 ~100 厘米
35~37	×	腰围：91 厘米 ~95 厘米
32~34	×	腰围：86 厘米 ~90 厘米
29~31	×	腰围：81 厘米 ~85 厘米
26~28	×	全身各部位仅腰、腹部明显松弛
23~25	×	全身各部位基本不松弛，理想型
20~22	√ 腹肌开始显露，分块不明显	全身各部位不松弛，理想型
17~19	√ 腹肌分块明显	全身各部位不松弛，理想型
14~16	√ 腹肌、腹外斜肌分块更加明显	背肌显露
11~13	√ 腹肌、腹外斜肌一目了然	背肌显露，女子健美运动员竞技状态
8~10	√ 腹肌、腹外斜肌一目了然	极少数女运动员达到的竞技状态，可能会引起闭经、月经紊乱和乳房缩小等情况

这里要特别提示的是，体脂率只能反映体内脂肪的占比，当 BMI 值太低，也就是体重太低的时候，低体脂率只能说明此人既无肌肉，也无脂肪。因此，并不是所有体脂率低于 15 的男性和低于 25 的女性，都拥有漂亮紧实的身材；同样的，并不是所有穿着衣服看上去苗条的姑娘，体脂率都低于 25。

所以我们大致可以这样分析：

低 BMI 值 + 低体脂率：消瘦。这样身材的男性往往很难练出肌肉，而女性则容易面临经期紊乱的问题。

低 BMI 值 + 高体脂率：隐藏性肥胖。一般是由于反复节食、缺乏运动、肌肉含量低造成的。

高 BMI 值 + 高体脂率：肥胖。各种潜在疾病的高危人群。

高 BMI 值 + 低体脂率：通常是有着发达肌肉的专业运动员和健身者，属于肌肉密度大、在标准 BMI 值范围外的人群。

综上所述，高 BMI 值 + 高体脂率和低 BMI 值 + 高体脂率的人群是需要进行科学减脂以获得更好的健康状况的。

减重轻了 5 公斤但看上去还是不瘦？

减去 5 公斤体重≠减去 5 公斤脂肪，各种减肥药广告，还有针灸按摩，最爱拿这个概念迷惑大众，说保证 7 天减去 5 公斤体重，却从不敢保证减去 5 公斤“纯脂肪”。减去 5 公斤体重，可能包括 2.5 公斤水分、1.5 公斤粪便、0.25 公斤肌肉、0.75 公斤脂肪。脂肪密度较小，像泡沫，若一个人真的减去 5 公斤纯脂肪，体型将会有一个很大的改善。然而现实中很多女性减掉 5 公斤，体型却没什么变化，正是因为减肥方法不对，减去的 5 公斤体重里只有很少部分脂肪。

所以说，减脂减脂，不是减重！衡量自己成果的关键是线条和围度，是镜子里那个你，而不是体重。增肌减脂可以使围度和线条越来越完美，而至于体重变化不大、甚至偶尔还会反弹，这些都是非常正常的，因为肌肉的密度大于脂肪。

那要如何观察自己是否真的减脂了呢？体脂率是一个很好的数值标准，其测量工具市面上有许多，最常见的是专门的健康秤，不但可以测量脂肪率，还能测量内脏脂肪量和肌肉量。另外，还有一些目前国际上常用的脂肪率测量方法，比如水下称重测量法、皮脂钳测量法、排空气测量法和生物电阻测量法等。

但是为了尽量减少测量所带来的误差，每次测量需要注意以下几点：

第一，保证每次体测的时候，身体情况和测试时间差别不大，比如每次都是空腹测量，或者每次都是休息日来测量，尽量在运动前测量。若是休息充分的话，测量数据会更准。

第二，测试前一天（24 小时内）不要饮用酒精或者是咖啡等，更不要蒸桑拿，因为这些会引起身体水分的流失，从而影响测试结果。

第三，保证良好的水合状态，如果你不知道什么是良好的水合状态，可以观察自己的尿液颜色，小便比较透明时即为水合状态。这里需要注意的是，一些添加了食用色素的食材，以及以维生素 B2 为代表的维生素的过多摄入都会影响尿液的颜色。最重要的是，不缺水才是最好的。

每种方法之间都存在一定量的误差，甚至是一天内不同时刻之间都会有较大的误差，所以大家该关注的是一段时间内体脂变化的整体趋势，而不是斤斤计较某个具体的数值，因为即便是专业的体脂测量仪，也是有误差的，有时甚至多达 2%！在众多的测量方式中，游标卡尺、皮脂钳是比较理想的测量手段。不管是什么测量方式，只和自己以前的数据进行比较即可，数值下去了，那就达到了减脂的目的。

因为个体差异的存在，拿自己的体脂率和别人比较，或者和所谓的“标准”比较，都没有太大意义。我们应该注意的是在这一段减脂计划内取得的成绩。

运动后体重不降，反而越减越重？

体重其实和体型没有必然相关性，同样重量的肌肉和脂肪，体积是完全不一样的：同样重量的肌肉，体积比脂肪要小很多。同样重量下，脂肪的体积大概是肌肉体积的 3 倍，如果减肥者的身体减少了一定体积的脂肪，却增加了同等体积的肌肉，那么就必然会表现为体重上升。规律运动一段时间后体重反而重了，很有可能是因为你的肌肉含量增加了，代替了你原来脂肪的重量；而对于体能差且肌肉薄弱的人来说，运动消耗掉了脂肪，从而调高了身体中的肌肉含量，可帮助提高骨骼密度、加强内脏功能。

运动了体重不减反而增加，可能就是因为这些积极的原因。这也能说明，通过健身运动来减肥的人不要太关注体重，要更多地注意围度的变化。

本来不运动、突然开始运动后体重反而增加了，这其实并不是脂肪在增加，而是身体内的糖原增加了以及出现了水的储留。因为肌肉的比重大于水，脂肪的比重则小于水，而我们的身体是一个自动调节的平衡系统，当三者中的其中一个的比重发生变化时，另外两个都会跟着变化。在运动中，我们身体内的肌糖原和肝糖原大量消耗，它们是运动中最先供能的物质，有数据显示它们在人体内的总存量大约在 250 克到 400 克之间。而在运动结束后，由于运动的刺激，身体一般会比运动前储存更多的糖原。运动后，肝糖原会快速补充——如果我们摄入合理的营养元素，在补充的过程中，身体会按照糖原 : 水 =1:3 的比例来储存大量水。也就是说，假如你的身体储存了 100 克肝糖原，这时就需要再储存上 3 倍的水。身体的重量在这个过程中肯定会增加，这也是为什么运动后体重会短暂性增加的原因。从减脂期恢复的过程中，假如增加了碳水化合物的摄入，你的身体需要多余的水分来储存这些碳水中的糖原，因此也会出现体重增加的情况。

值得一提的是，虽然在肝糖原的合成过程中需要储存水，但这并不是说运动完后不要喝水，体重才能减轻。实际上，如果进行了大量流汗的运动后不补充水分，容易使身体脱水，糖原也无法得到补充，身体反而会出现不适。而如果进行的是高强度、间歇性的训练，身体更需要补充足量水分。

另外，如果经常吃得太咸、喜欢重口味，可能会因为盐分促使身体储水，出现身体内水分增加、体重不减反增的现象，这时候可以通过多喝水的方式加快代谢。

以上所说的体重增加都不会是长久的，当你代谢率达到高水平的时候，肌肉含量增加了，分解脂肪的能力就会加强，脂肪消耗的速度就会加快，自然而然体重就会发生变化，即使这种变化比较缓慢。总之，刚开始运动之后的体重上涨，是非常正常的现象，并不代表你胖了，这样的情况一般在规律运动 1 周 ~ 2 周之内即可消除，所以别因此放弃，一定要坚持下去！

想要减脂，做有氧运动就够了？

大多数人都认为有氧运动是减肥法宝，基本上人人都知道几个有氧减脂要点，比如心率不能太低，也不能太高；时间一定要长，否则没用；每周至少要 3 次……总而言之，在许多人的认知中：

力量训练（无氧运动）= 增肌
耐力训练（有氧运动）= 减脂

事实上，这种认知有些过于偏执。其实力量训练和耐力训练都可以减脂：力量训练侧重于增肌、塑形，提高基础代谢和肌肉爆发力；耐力训练则侧重于减重、锻炼心肺功能和提高运动时的耐力。正是因为这样，有氧运动才成为大家口中的减肥利器，但是减重不等于减脂。减重这个概念，并不是针对健身和减肥提出来的，而是专业竞技运动员，比如健美运动员、举重运动员、摔跤运动员等在比赛前，为了使自己符合某个重量级的最低要求，而进行的竞技性、短时间冲刺型特训，它包括掉肌、脱水等环节（因为肌肉和水分是最重的）。某种程度上来说，减重甚至是不健康的，因此，普通人更要明确：减重不等于减脂这个最基本的概念。

脂肪在有氧运动时是一个狡猾的坏蛋，它东躲西藏，常常会拉着小伙伴帮它垫背，这个小伙伴往往就是我们最宝贵的肌肉。长时间的有氧运动会分解肌肉来供应能量，而脂肪君却遮遮掩掩不肯出来，甚至要先变软，然后再分解，也就是说在脂肪刚刚开始“燃烧”的时候，肌肉已经死伤惨重了。你欢欣鼓舞地发现自己体重掉得好快，其实那都是肌肉在哭泣，而脂肪则依旧傲然挺立着。如果你同时还在节食，那么此时哪怕多吃一点点，它们都会立刻加入脂肪的阵营，从此进入恶性循环。

而无氧运动中，肌肉正在被蹂躏，等到你的糖原耗尽时，脂肪则开始变软和分解，也就是说，脂肪通过牺牲自己来帮助肌肉的撕扯，训练结束后，你吃下高蛋白的食物，它会帮助肌肉细胞生长——也就是说：脂肪死伤了，肌肉强大了，于是，你的基础代谢变快了，更不容易吃胖，然后就进入了良性循环。

由此可见，有氧运动消耗脂肪的效率并没有你想象得那么高，而通过无氧运动也能够消耗一定量的脂肪，通过力量训练可以提高基础代谢率，从而可以进一步增加日常热量消耗。因此，减脂可不仅仅是有氧运动的事儿！

如何改善："易胖体质"？

说起易胖体质，绝对有很多人都会争抢着要对号入座。不可否认，光吃不胖和喝水都长肉，客观来讲这两种情况的确是存在的。按理说大家明明都是一样的人，为什么会有如此大的差异？根据大量研究，问题的关键在于这样一个名词——基础代谢率。

1. 什么是基础代谢率？很重要吗？

基础代谢，简单点讲，就是你哪怕躺在床上什么也不干时，身体也需要消耗的能量，是你维持心跳喘气这些最基本的生理活动所需的能量。基础代谢率随着性别、年龄等不同而有些许差别，男性的基础代谢率平均比女性高；年龄越大，基础代谢率越低。

关于基础代谢的重要性，一个可能出乎你意料的事实是，基础代谢是你每天所消耗热量的最大部分，见图 1-1 所示。每天我们累死累活的运动，最多也就消耗几百千卡，只占到每天代谢率的 15% 左右，而基础代谢消耗的能量是以千为单位的。要想瘦，基础代谢才是你最应该抱的“大腿”。

而所谓的易胖体质，其实就是指基础代谢率低。抛却运动饮食等外界因素，基础代谢低的人，和别人一样睡着不动，人家就能悄没声儿地比你多消耗几百大卡热量……你不“易胖”谁“易胖”呢！大家一定要牢记的一点是：同样体重的人，体脂率越低，基础代谢越快，越不容易肥胖。

对了，想知道自己的基础代谢率是多少，可以直接点击人马君微信订阅号界面下方菜单的“健身功能”→“基代计算”，按提示的格式正确输入相关信息，就可以得出自己基础代谢的大致范围了哟。

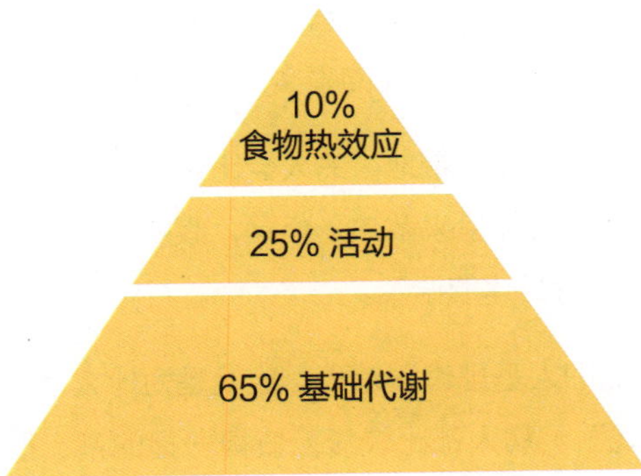

图 1-1 基础代谢是每天所消耗热量的最大来源

人鱼线 VS 马甲线
订阅号二维码

2. 基础代谢的决定因素有哪些？我为什么比其他人的基础代谢更低？

除了年龄、性别等不可选择的因素外，还有其他因素控制着我们的基础代谢的高低。疾病、进食、体重、肌肉量、温度环境变化、承受（身体和精神）压力变化都会影响身体的能量消耗，从而影响基础代谢。

（1）性别：其他数据相同的情况下，女性的基础代谢平均比男性低 5%~10%，这是因为女性的体脂一般比男性高。

（2）体重：体重大的人基础代谢量总体肯定高于体重小的人，但有时候这通常不能改变什么，因为大多数体重大的人相应地摄入量也会增大。

（3）药物：很多人从青春期就开始服用药物导致增重。接着，药物使人长胖，失去信心，又加剧了肥胖。因此药物使用和肥胖有着一定的关系，很多人都是因为药物才导致体重失控，形成所谓的易胖体质，并且胖起来之后很难再度瘦下去。

（4）肌肉量：肌肉组织是消耗热量的绝对大户，在基础代谢率中通常占比为38%~40%。相信大家都看过肌肉与脂肪体积的对比图，虽然网上流传的有些图片仍有争议，但道理上是没错的。肌肉不仅在所占体积上远远小于脂肪，能够让你看上去更加紧实有线条，而且哪怕在静止状态下仍然能帮助你燃烧不少的热量。如果你的肌肉含量少，基础代谢低几乎是不可避免的事实。

（5）天气和体温：研究表明，生活在热带地区的人会比生活在寒带的人的基础代谢高5%~20%左右，因为他们需要能量来散热。但是，假如你在很冷的天气下运动，身体也需要许多的能量来保持身体的温暖。

（6）荷尔蒙：甲状腺激素越高的人基础代谢越高。这就是为什么甲状腺功能亢进症（也就是我们常说的“甲亢”）病人都比较瘦。值得一提的是，很多女性都患有甲状腺机能低下症，也就是甲状腺素分泌不足。所以，假如你不管怎么运动、吃得再少都不瘦，可以到医院检查一下甲状腺功能。

（7）再说进食，这点是重中之重。相信不少在减肥上走过弯路的胖友都经历过这样的事情：通过近乎苛刻的疯狂节食，确实在一段时间内看到了效果，但是整个人都不太好，从气色到精神都有崩塌迹象。然而，一恢复正常饮食，之前减下去的全都一分不少地还了回来，甚至还有附加赠送……而且这次反弹回来的肉，地位岿然如山，不管再想什么办法都很难再甩掉了。这就牵扯到了另外一个相关名词——基础代谢损伤。

3. 基础代谢损伤又是什么?

简单来说，基础代谢损伤就是摄入量的大幅减少使身体启动了自我保护机制，就像节能模式一样，调低了基础代谢率，以保存体内的热量，帮助身体从食物中储备脂肪，以防意外发生——这是人类千万年进化而来的本能，经过大自然优胜劣汰而生存下来的现代人，都有这种基因。新陈代谢被大脑自动调低，一旦你开始恢复正常饮食，身体就会开启“补偿模式”，就像饥荒期的人一旦有机会就需要疯狂屯粮以备下次不时之需一样，身体仍然会按“饥荒”时期的标准，把其他多余的热量全都转化为脂肪先储存起来，并且已经变低的基础代谢率无法在短时间内恢复。没有了这 60% 的热量消耗，每天多吃一口都会更容易被你的身体转化成为脂肪。

所以，不要节食减肥，毕竟这样的方法为你带来的长期恶果远远大于那几天短暂的“瘦”的假象。很多想减肥的“胖友”，还会通过极为大量的有氧运动试图达成目标，这样做的后果，就是在新陈代谢损伤、降低的同时，使肌肉流失，恢复饮食后体重更容易反弹。

4. 到底应该怎么安全、健康地减脂?

想要瘦，必须抱紧基础代谢这条“大腿”。想要提高基础代谢率，当然要针对影响基础代谢的各类因素中那些可控的因素下手。

第一点就是注重运动，尤其是力量训练，增加肌肉量，提高基础代谢率。尤其是女生，千万不要对肌肉有什么畏惧或是偏见，要练成“金刚芭比”绝不是简简单单的几次力量训练就能达到的——练出一些肌肉，只会让你拥有更优美的身体线条。第二点，要保持一定量的有氧运动，但是不以“消耗热量”为目的而过度依赖有氧运动。

那么肌肉的增长对基础代谢又有多大的影响呢？研究显示，当你增加 1 公斤的肌肉后，它会每天帮你多消耗 110 千卡的热量。营养科学研究机构 Colgan Institute of Nutritional Sciences 大量收集了人体一年内增加的肌肉数据表明，一年内增加最多肌肉含量的男性，肌肉重量上涨了 8.27 公斤，这还是在饮食和锻炼极度科学的情况下达到的。这么看起来，一年内基础代谢提高的也并不多，那为什么还是要增肌呢？

很多人都会忽略肌肉形成本身就需要消耗能量这一点，“练肌肉”的过程就是一个消耗卡路里的过程。使用的肌群越多，消耗的卡路里也就越多。也许你的肌肉量增长较为缓慢，但是在练的同时，你在消耗能量——这就是为什么大家常常听说深蹲、硬拉会越做越瘦的原因，因为这两个动作都用到了全身的大部分肌群。可以说，如果要减脂，不仅仅要看基础代谢，最重要的还是得动起来。

提高基础代谢的方法还是回到了这些老生常谈：认真训练，注重无氧训练，按时作息，好好吃饭，营养均衡，不要节食，注意休息。只要你认认真真地做到了这些，距离瘦身这一目标就更进了一步。

为什么年纪越大越难保持好身材？

随着年龄的增长，人体各部位的组成也会发生变化。性激素分泌会随着年龄的增加而减少，同样的，人体内细胞的生长速度也会随之下降，肌肉量也会越来越少。性激素的分泌和人体内肌肉的含量都影响着身体的基础代谢。所以，整体上而言年纪越大，基础代谢率就会下降，这也是为什么很多人进入中年后身体会发胖的原因之一。一般来讲，从25岁到35岁的这10年间，如果你不做额外锻炼，那么每10年你的基础代谢率会下降2%~5%；而如果是女性，绝经后，身体的基础代谢也会下降1%~2%。这也是为什么我们时常感叹：年轻时的窈窕淑女逐渐被时光这把杀猪刀磨砺成了膀大腰圆的中老年妇女。

随着年龄渐长，人们的生活方式也在发生改变。而这许多的改变对于健康和新陈代谢而言非常不利：晚睡、不规律饮食、酒精摄入增加、缺乏计划性的锻炼、越来越多地使用代步工具等。但即使这样，我们仍然可以挖掘基础代谢率的潜力——不过，这需要大家在日常生活中更加注重培养良好的习惯。下一小节中的几点，大家需要多注意。

减脂期间需要注意哪些事?

1. 少食多餐

或许你会奇怪：既然要瘦身减肥，为何还要多进餐？这听上去的确有些矛盾。但实际上，这是在保持同等热量摄入的情况下，鼓励你每天 5~6 次的少食。对比一日三顿的大餐，这个进食方案可以防止你在长时间饥饿后的过度进食，因而超过一天所需的热量。每餐的间隔时间不要超过 4 小时，要确保餐餐食物均包含蛋白质，以提高新陈代谢率。比如，你的第一餐早饭若是很匆忙，那么午餐前饿了，上午可再有第二餐，吃些酸奶或水果蔬菜等小食；午餐除了有主食外，也要有绿色蔬菜并增加适量的蛋白质，如鸡肉或鱼等；那下午 3~4 点钟，可再增加一次小吃，如一根香蕉、一些坚果等；这时候到了晚餐，应该就不会太饥饿，则可做到尽量清淡简单，少吃一些，但也要有主食、蔬菜和蛋白质；如果睡得晚还可以安排一次健康的夜宵，比如低脂牛奶、豆浆等。

2. 不要节食

低热量的饮食永远弊大于利。我们的身体已经“编程”设计了热量需求，以保证我们基本的新陈代谢和日常体重。假如你从饮食中突然减少 1000 千卡，那么你的基础代谢，即你的体内用于维持正常呼吸、心跳等基本生理功能所需的卡路里数量便会自动降低，因为你的身体此刻会误认为你在挨饿，需要平衡。就像之前提到的，基础代谢下降后，不但不能让你多消耗热量，反而会影响身体功能的正常运转。

那么应该摄入多少热量才算合适呢？这取决于我们的运动程度。对于没有运动习惯的人而言，将现有体重（斤）乘以 11，便可得知一个人每天大约所需的卡路里数。例如，你的体重为 120 斤，那么你每天所需的热量约为 1320 千卡。即使你的身高不足 1.6 米，你每天摄入的热量也不得低于 1200 千卡。调查结果表明，每日热量低于 1200 千卡会使静止代谢率下降达 45%。

3. 坚持营养早餐

早餐是一天中新陈代谢以及瘦身减肥计划中最重要的一餐。调查显示，吃早餐的人比空腹的人减起肥来更轻松。在我们熟睡的时候，体内代谢速度降低，当我们开始再进食时，代谢会随着加快速度。因此，如果你错过早餐，你的机体只好等到午饭时才能开始燃烧热量，也到那时才能加快代谢速度，这无疑对减肥大为不利。所以，聪明的方法是，清晨进食 300~400 千卡的早餐，提前恢复新陈代谢的速度。

早餐要摄取大量的高纤维碳水化合物。澳大利亚悉尼大学在一项高脂肪与高纤维碳水化合物早餐的对比实验中发现，食用脂肪多的人群会更快地产生饥饿感。理论上讲，你的身体会花更长的时间来消化和吸收高纤维碳水化合物食品，使它们不会很快地转化为血糖，由此你的饥饿感会相对缓慢出现。研究人员推荐最佳营养早餐是，富含粗纤维的谷物早餐加一杯低脂牛奶；全麦面包抹低脂奶酪再配以香蕉或其他浆果；高蛋白蔬菜卷等，既营养又健康。精制的碳水化合物食品，如白面包及马铃薯等均会产生大量的胰岛素，促进脂肪的存储，并可能会降低新陈代谢，专家建议我们食用含粗纤维的碳水化合物食品："保持碳水化合物食品的摄入是非常重要的，多多选择蔬菜、水果和全麦食品，因为这些食物中所产生的胰岛素会相对少一些。"

4. 增加蛋白质摄入

各类食物热量表调查表明，摄入足够的蛋白质可以提高新陈代谢率，令我们每天多消耗 150~200 千卡的热量。蛋白质的主要成分是氨基酸，与脂肪和碳水化合物相比，氨基酸很难在人体内消化分解，因此，你需要消耗更多的能量来消化吸收它。当然，这并不意味着我们要单纯依赖高蛋白质饮食，只要确保每日所需热量的 10%~35% 是来自蛋白质就足够了。也就是说，如果你摄入 1800 千卡的食物，其中有 180~630 千卡的热量应该是富含蛋白质的食品，如鱼、鸡肉、低脂乳酪、酸奶酪及豆类等。

5. 高强度间歇训练

你不妨尝试一下高强度的间歇锻炼法，以更快地提高你的新陈代谢速度。研究结果表明，一周进行两次间歇锻炼的人群能够减掉的体重是仅仅定期做心肺训练的人群的两倍。你可以很容易地将间隔训练法融入你的日常练习中，即在每5分钟的慢跑中间插入一个30秒的全速疾跑，或在你单调的练习中加入一个1分钟的倾斜式走步。由于你的身体此时正在剧烈运动中，因此变换节奏使你可以燃烧更多的卡路里。

6. 重视力量训练

专家认为，力量训练是加速静止代谢率的最佳方法。随着年龄的增长，人体的代谢率随之下降，但是力量训练能使代谢率恢复到从前。肌肉所消耗的卡路里是等量脂肪的9倍。定期的力量训练会使你的代谢率显著提升。

7. 摄入奶制品

多喝低脂的奶制品。一天内摄入3~4次牛奶、酸奶及奶酪的女性比那些不摄入任何奶制品的女性，可减掉至少70%的脂肪。原因在于蕴藏在奶制品中的钙质。每天喝3次奶制品并摄入1200毫克钙元素的女性，在保持运动、健康饮食的同时，能够更好地达成减脂计划。

8. 充足睡眠

睡眠不足会导致新陈代谢失调。每晚睡眠4小时或不足4小时的人群，在碳水化合物的处理上会相对困难一些。提高睡眠质量的方法很简单，在一天中提早计划我们的训练时间，在上床睡觉之前的2~3小时内进行锻炼，可使睡眠保持平稳。同时，在睡前泡个热水澡也有好处，调查显示，温水浸泡过的人，会更容易地进入梦乡。

冬天减不下肥，反而比夏天容易胖?

健身圈里一个流行的说法是：夏天减脂，冬天增肌。这一说法并没有权威的认证，但从我们的经验来看，似乎的确有这种夏天易瘦冬天易胖的感觉。这究竟是为什么呢?

1. 气温低时，动物本能的囤积能量，减缓代谢

让我们离开现代文明世界 1 分钟，感受一下没有暖气、没有御寒衣、甚至连火都没有的时代。天气寒冷是非常不利于生存的环境，所以当气温降低时，有些动物就会选择把生命活动降到最低点以进入冬眠状态，有些动物则会本能地摄入更多的热量（更多的进食）以保持体温和生命活动所需，人类在这种情况下也不例外。冬天来临时，日照时间也会变短，我们的身体会倾向于囤积能量（脂肪是储存能量的良好物质），减缓代谢消耗。代谢变慢后，人的活力就会下降，变得慵懒。动得少，睡得多，“暖气、被窝、葛优躺”大概就是冬日里的写照。

2. 冬天好像比夏天“更容易饿”

相信大家都有过这样的感觉，炎热的天气往往会导致食欲不振。天气热，气温和体温的差距小，我们不需要摄入很多能量来维持体温。此外，夏天容易出汗，喝水多，消化液的分泌量和浓度都比冬天小，这也造成了一定的食欲减退。冬天我们需要摄入更多热量来保持体温，所以看起来就像是冬天比夏天更容易饿。

3. 天气寒冷，人不爱运动

冬天里，我们总是把自己裹得严严实实的，不方便运动不说，运动之后出汗也是挺麻烦的，一不小心还容易感冒。

4. 冬季，吃吃喝喝的节假日多

从秋末降温之后的日子开始算起，各种节日接踵而至，聚会场合众多，走亲访友吃吃喝喝总是在所难免，一波接一波摄入的都是热量炸弹——这样一想，冬季体重容易增加似乎是十分正常的结果了。

虽说冬天减肥有这么多不利条件，但却不妨碍冬天是个锻炼的好时机。因为在冬天神经系统恢复好，睡眠质量好，食欲好，营养补充也跟得上，反而可以承受比夏天更强大的训练强度。因此，冬季健身是增长体力和力量的好季节。这也是“冬天增肌”说法的一个原因。从运动消耗卡路里的角度来说，冬天运动所消耗的热量会远大于夏天，因为肌肉需要消耗更多能量来抵御寒冷的天气，一旦运动起来，消耗的卡路里会比夏天多。

冬天之所以减肥难，一方面身体本能的摄入更多热量以保持体温，另一方面因天气寒冷，运动积极性下降；这一多一少使得冬天减肥相对难度变大了。但是，对于不管严寒酷暑都规律运动、饮食搭配合理的人来说，任何时候都是减脂和增肌的好时机。

此外，要着重提醒大家的是：如果高温天气进行户外运动，一定要提防中暑，因为在极端情况下，过高的体温不只是“中暑”这么简单了，可能出现更加严重的病症。

一般情况下，人体的温度在 37 摄氏度左右，运动时这个温度会有所上升。一旦温度达到了 39~40 摄氏度，那么大脑就会下达指令，让人体肌肉减慢运动的速率，并且伴随着疲劳感。一旦温度突破 41 摄氏度，人体就开始“罢工”了。这时候，人体不仅不能进行散热，体内的细胞还会开始蜕变，会导致部分器官的衰竭。这时人们甚至不会再流汗，因为血液不会再流向皮肤表面，这种情况也就是我们俗称的“中暑”。而高温天气运动，无疑等于“火上浇油”，让原本就热的人体温度再加上一层热度，中暑的机率就会高出很多。

当然，这不是让你在夏天放弃运动，只是提醒高温运动时一定要注意自己的身体反应，出现头晕、头痛、全身无力等不适情况时要立即休息降温，不要强撑，要适当选择在凉爽通风环境下进行运动，避免中暑情况发生。运动是为了有更好的身体，如果因此而使身体健康受到伤害，岂非本末倒置。

瘦子为什么也要进行健身减脂？

和肥胖一样，消瘦并不意味着健康。过于消瘦的人同样存在诸多疾病风险 。而且说实话，并不是一味的瘦就是好看，男性们显然都不欢喜自己弱不禁风、“肩不能提手不能抗”的形象。而女性们，也要了解不是只有时下追求的“锥子脸”，“纸片人”，“竹签腿”才是美。过分瘦弱的人轻则影响精力，降低生活质量；重则诱发一些慢性疾病，早衰乃至危及生命。

1. 消瘦的种类

消瘦有单纯性消瘦和继发性消瘦之分。单纯性消瘦没有明确的内分泌疾病；继发性消瘦则是由神经系统或内分泌系统的器质性病变引起的。如果你的情况属于继发性消瘦，那么请一定病愈后再进行健身锻炼。若你属于单纯性消瘦，即可通过科学的锻炼和饮食使自己变得更强壮。

2. 消瘦者健身建议

（1）一定要吃足量

只有摄入的能量大于消耗的能量，人才能增重。因此。消瘦者的膳食调配一定要丰盛、合理、多样。平时除食用富含动物性蛋白质的肉、蛋、禽类外，还要适当多吃一些豆制品、蔬菜、瓜果。只要饮食营养全面，利于消化吸收，再加上适当的健身锻炼，就能在较短时间内增重。

其实，对于健身者而言，训练往往是件简单的事情，营养却是一门高深的学问。很多健美运动员不成功的原因，不是因为他们不努力训练，而是他们的饮食结构太不合理了。一次力量训练以后，你的肌肉需要 5 天的时间重新生长，在这段时间里，你需要摄入足够量的蛋白质，从而保证肌肉有充足的营养进行增长和修复。你的身体是很难有能力来储存蛋白质的，所以较为理想的增肌饮食方案是：把你一天所需要的所有营养分成 5 顿或者 6 顿来摄入，这样可以确保你不会因为无法在一顿太大量的营养摄入后无法吸收而造成浪费。间隔的 1~2 顿可以仅食用香蕉、苹果等水果或者一杯牛奶、一个鸡蛋等等未经过加工的食物作为零食。如果没有素食主义的坚持，建议吃瘦牛肉、瘦羊肉等红肉或者鸡胸肉，它们是比较优质的蛋白质来源，拥有人体所需的全种类氨基酸，容易吸收转化成人体所需的蛋白质，从而为肌肉的形成提供养分。

（2）多做无氧运动，少做有氧运动

消瘦者应重点锻炼大肌肉群，如胸大肌、三角肌、背阔肌、臀大肌和股四头肌等。另外，同一个部位的肌群可采用不同的动作、不同的器械进行锻炼，并且要使所练肌群单独收缩。随着肌肉力量的增强和动作协调性的提高，锻炼的效果会越来越显著。一般情况下，练习动作一个半月到两个月变换一次。此外，锻炼时精神（意念）要集中于所练部位，切忌谈笑等。所练部位肌肉的酸、胀、饱、热感越强，锻炼效果越佳。这样再坚持半年到一年，体型就会发生显著的变化。

消瘦者进行健身锻炼时，最好少参加其他运动项目的锻炼，特别是耐力性项目的运动，如长跑、踢足球、打篮球等。因为这些运动消耗能量较多，不利于肌肉的增长，而且会越练越瘦。此外，平时不要做耗费精力太多的其他活动。

（3）坚定信心，持之以恒

消瘦者要使体型由瘦变壮、丰腴健美，不是一两天、一两个月的事，凭“一时热”，想“一口吃个胖子”的练法不行，因锻炼方法不对、效果不明显而丧失信心也不行，只有坚定胜利的信心，做好吃苦的准备，以高昂的情绪投入科学的、有计划的、坚持不懈的锻炼，才能获得最后的成功。

如何避免减重成功后的反弹？

长期的良好生活习惯比几个月的魔鬼瘦身重要得多。许多人减重后复胖的经历给我们敲响了警钟：或许痛苦的运动和严格的饮食不是减肥的最大障碍，而不健康的生活习惯才是。而习惯的力量是长期而久远的。容易反弹很大程度上也是因为减肥时就存在了问题：

1. 减重速度太快

很多减肥节目上的成功案例能够达到 3 个月减掉 45 公斤，这样的体重下降速度太快了。也许是为了节目效果，所以在短期内进行高强度的训练和严格的饮食控制，再加上他们本身体重基数大，体重掉起来非常快，但这并不代表他们养成了减肥和控制饮食的习惯。

他们的身材在几个月内缩小了一半，但我们所说的“瘦体质”在这么短的时间内不可能增加很多。“瘦体质”的重要组成部分就是肌肉，增肌是个艰苦而长期的过程，在减肥的过程中几乎做不到同时增肌。也就是说，瘦下来的他们仍然是没有多少肌肉的“易胖体质”，治标不治本。

2. 不健康的生活习惯

很多“胖友”们的体重之所以会涨到自己无法容忍的地步，也是因为不良的生活习惯。心情郁闷不舒服的时候，就靠吃来解决悲伤；焦虑的情绪无处发泄时，便毫无节制地胡吃海喝。

当体重达到健康的禁戒线或严重影响到正常生活时，他们终于意识到减肥的重要性。经过了“鬼知道他们经历了什么”的几个月或几年之后，他们以为体重减轻就达到了终点。一点点的松懈，曾经疯狂甩掉的肉又一口口吃了回来，因为之前减掉太多，新陈代谢受到损伤，还很容易比减肥前更胖。如果他们在迅速瘦身的过程中采取了节食、扎针、腹泻等不科学的手段，复胖将来得更快更汹涌。

3. 无所顾忌的饮食

在许多减脂结束的小伙伴心中，恢复减脂以前“毫无原则”的饮食，才叫做“正常饮食”：减脂饮食没有鲜香的菜肴、甜品、零食，你的味觉就像被菟丝子慢慢缠绕着，像是被紧紧攥着喉咙咆哮着：要吃！

减脂结束后的你，下馆子之余，今天来一块榴莲蛋糕，明天来一杯芝士奶酪。尽管肚子撑了，但是深吸一口浓浓香甜的味道，依旧几勺就吞下了。胃口越来越大，人变得越来越容易饿，体重秤上的数值也会猛烈飙升，这样的你，不就是以前那个因为不健康的体型而自厌的自己吗？正常饮食，不是说让你恢复天天高油脂的外餐，也不是随心所欲。口感、口味吸引人的食品，往往是身体健康、好身材的头号杀手。

所以说，体重减轻，只是起点。

结束减脂期不复胖，最根本的问题是调整好自己的心态，清楚地认识到没有什么减脂方法可以一劳永逸的“享瘦”。

减肥不可一蹴而就，减肥是一个漫长的过程，要真正实现减重目标需要花费很长的时间。而减肥也要循序渐进，一般而言，根据每个人原始体重的起点不同，每月减少 1~2 公斤比较合适。合理规划每周的减重目标，科学记录你的体重数值。

减肥时期要控制热量的摄入，但不代表不吃，也不能吃得太少。在减脂期间，科学合理搭配饮食，每餐吃到八分饱，合理选择蛋白质、健康脂肪和碳水化合物的摄入比例。体重减轻是一方面，养成良好的饮食习惯更加重要。即便体重已经达到了你想要的目标，科学饮食依然要保持下去。回归正常生活，一日三餐都照常吃。不需要太执着于主食是粗粮、还是细粮，也不要过于执着每样食物的摄入份量，只需要每顿达到七八分饱就好。

坚持运动，适当进行力量训练，增加身体肌肉含量，形成“易瘦体质”。完全不用担心力量训练会使肌肉太大块，肌肉的增长是很难的。

为不良情绪寻找除了“吃”以外的发泄口，例如运动、听音乐、看电影，养成习惯后，你会发现生活进入了良性循环。生活也不是苦行僧，甜品、零食、油炸食品等，当然也可以吃。为了和朋友小聚，为了偶尔的放松，一两次的放纵也不是什么大不了的事，也不要因此觉得罪孽深重。为了这一两次的放纵，我们只需要做一件事。是的，就一件事：养成运动习惯，你将受益终身。

CHAPTER 2

人马君 FITSTART

第二章

有氧减脂

减脂，怎么锻炼最有效?

减脂有两个关键点，分别是提高身体的新陈代谢水平和增肌——它们相当于两个“人体脂肪燃烧机”，想要快速燃烧脂肪，就需要加强这两点。

1. 脂肪燃烧机之一：代谢系统

运动的时候心脏跳动加快，循环系统加快，代谢系统加快，身体消耗能量的速度也会随之加快，脂肪燃烧速度自然也上升了。如果能持续提高代谢能力，在即使不运动的时候也让代谢系统处于较高的运转状态，那么你就可以比其他人更快、更有效地将摄入的能量为身体所用，而不是让它们仅仅被转换成脂肪。

人体的代谢系统就好比是车的发动机，脂肪是汽油，当你开车（也就是运动）的时候，汽车燃烧汽油。停车后发动机还在运转，虽然你的车没有动，但是你的发动机还会继续燃烧汽油，因为车没有熄火。

2. 脂肪燃烧机之二：肌肉

运动是靠什么来支撑和运转的，答案就是肌肉。不管人体是不是在运动，我们的肌肉却是每时每刻都在慢慢地将食物中的热量提供给身体以维持正常的消耗。

因此，增长肌肉是减肥必不可少的一个环节。例如你每增加 2.5 公斤肌肉，即使是不运动，你也会每个月多燃烧 1.5 万千卡的热量，大约是 1 公斤脂肪。也就是说，如果你的肌肉比别人多，你就会无时不刻比别人多燃烧更多的脂肪。

而高强度无氧间歇训练就是根据这两个健身关键点而设计的。

多运动，就可以减脂了吗？

减脂的本质是产生热量差，即：摄入 < 消耗。在这种情况下，身体会动用体内存储着的脂肪来提供热量。所以，减脂方法就是双管齐下，即减少摄入（管住嘴），增加消耗（迈开腿）。

热量消耗一般由三个部分构成：基础代谢（维持身体基本机能：如呼吸）、日常消耗（无意识的日常运动：如家务、工作）以及运动消耗（有针对性的额外运动）。

运动越多，时间越长，消耗的热量的确会越多，但是这不一定代表减脂效果越好，主要问题是：大部分锻炼者都弱化甚至直接忽视了力量训练，而是选择了大量的有氧运动，希望能够快速显著减脂。但是问题在于，长时间的有氧运动，在减脂减重的同时，也在消耗肌肉。以肌肉为主的基础代谢对减脂相当重要，为了有氧一次性消耗的那少部分热量，抛弃了基础代谢这个长期因素，性价比着实不高。

因此，判断你的运动到底减脂效果好不好，并不在于你做了多少种运动，花费了多长时间，而是看你的运动有没有动在“点子”上。这个“点子”基本上是衡量所有有氧运动是否有效的最重要指标，无论跑步、跳操还是单车，没有它，全都白谈。这个重要指标就是运动心率。

从字面意思就很好理解，运动心率指的就是运动时每分钟的心跳次数。心率一直以来都是判断身体状况的重要标准之一，比如静息心率、睡眠心率等都有各自的标准和意义，运动心率也是如此，它是判断你有氧运动强度的最主要指标之一。

有些人喜欢使用一些主观意愿很强的标准以判断自己的运动强度，很常见的误区是：看运动时出了多少汗、运动后第二天有没有全身酸痛走不了路……这些都是比较片面的。出汗并不是重要指标，全身酸痛更不是必然发生的，这只代表了你肌肉紧张。其实，运动时的心率才是判断运动到底有没有效果的最佳依据。

那么，心率和减脂之间有什么关系呢？心率反映的是交感神经的兴奋度，而交感神经的兴奋则会促进一系列脂解激素的分泌，从而活化脂解酶，使储存在脂肪细胞组织里的脂肪分解为游离脂肪酸和甘油。游离脂肪酸在氧供给充足的条件下，可分解成二氧化碳和水并释放大量的能量，这样也就是减脂了。

交感神经兴奋了，可是要达到最合适的兴奋度、使减脂效率最大化，又是有一定讲究的。很多人的减脂效果不佳，其实就是因为这个兴奋度的问题——有氧运动强度没有处在最合适的范围内：强度太大难以负荷，强度太小没有效果，所以这两种都不是最高效的选择，于是出现了这样一个名词——减脂心率。

减脂心率就是指，在这个心率范围内，有氧运动的减脂效果最好，效率最高。想知道自己的运动有没有“减脂”的效果，可以不用纠结今天做了多长时间的运动，只需要看运动时你的心率有没有保持在减脂心率范围内就可以。

那减脂心率怎么算呢？

想要知道减脂心率，首先要知道自己的最大心率。最大心率是指在最大负荷强度时，耗氧量和心率不能继续增加时心率达到的最高水平，也就是你的心率极限。人的最大心率会受多种情况影响，它的计算（或者可以说估算）公式有多种，这里介绍的是一个最常见也是最简单最了然的公式：

220-（你的年龄）= 最大心率[⊖]

知道了自己的最大心率，我们就需要来为自己的有氧运动定一个目标心率。这个心率根据你的运动目的和身体状况有不同的范围，如果目标是减脂，那么一

⊖ 此公式存在一定误差，在实际中可以根据自己的感受适当调整范围。

般情况下运动时的目标心率应为最大心率的 60%~70%；如果是为提高运动表现、锻炼心肺耐力，这个区间则为 70%~80%。关于心率区间效果，不同说法有些微误差，但减脂新手将有氧运动心率保持在 65%~75% 左右，是不容易出错的。不同训练类型下的心率情况和参考标准见表 2-1 所示。

表 2-1 不同训练类型下的心率情况和参考标准

训练类型	心率	谈话测试	配速参考
轻松跑 / 慢跑	最大心率的 60~70%	能轻松说完整的句子	比“参加 5 公里比赛的配速”* 慢 60~90 秒
中等强度跑 / 中速慢跑	最大心率的 70~80%	能说短句子	比“参加 5 公里比赛的配速”* 慢 30~60 秒
节奏跑 / 中速跑	最大心率的 80~90%	只能一词、一词的说	比“参加 5 公里比赛的配速”* 慢 12~25 秒
冲刺跑 / 快跑	最大心率的 90~95%	无法说话	比“参加 5 公里比赛的配速”* 慢 3~9 秒

* 注释：“参加 5 公里比赛的配速”通常相当于 5 公里全速跑的配速。

再举个例子：某跑者 5 公里比赛的完成时间为 20 分钟，配速为 4 分钟 / 公里，则轻松跑的配速为 5 分钟 / 公里到 5 分 30 秒 / 公里；中等强度跑的配速为 4 分 30 秒 / 公里到 5 分钟 / 公里；节奏跑配速为 4 分 12 秒 / 公里到 4 分 25 秒 / 公里；冲刺跑配速为 4 分 03 秒 / 公里到 4 分 09 秒 / 公里。

很多不了解心率知识的人，减脂效果不佳，就是因为心率太低，强度不够，无法达到减脂要求，或是误闯入了高心率的强度区间，导致体能跟不上，心率波动大，后继无力，所以看起来做了很久的运动，其实都没有达到减脂效果。

值得一提的是，“减脂心率”对于时下流行的高强度间歇训练（缩写：HIIT）并不适用——在之后的章节，我们会对 HIIT 训练进行更细致的分析。

什么是 HIIT？如何进行训练?

HIIT 训练，全称“高强度间歇训练”（High Intensity Interval Training），是现在国内外健身界都非常流行的训练方式，通过将简单动作相结合，实现训练目的，而且只需要很小的场地就能做。它的原理是：通过多组高强度的爆发期和低强度的恢复期组合训练，使身体的有氧、无氧供能系统同时运转，从而同时取得有氧和无氧的训练效果。普通有氧运动，只是在你慢跑的 1 小时当中燃烧脂肪，而且前 30 分钟只是在消耗糖原来提供能量，还不能燃烧脂肪。也就是说，假如你花费了 1 小时慢跑，最多只有大约 30 分钟的时间是在燃烧脂肪。

有计划地进行 HIIT 训练，则可以有效地提高身体的有氧、无氧能力，加速自身代谢率，使脂肪在运动之后还能继续高速燃脂。HIIT 训练的效率比普通有氧运动高，你可以花较少的时间，达到较好的减脂效果，特别适用于无法每天投入大量时间锻炼或者较难贯彻长时间锻炼计划的朋友们。

进行 HIIT 训练，会比你进行传统有氧运动项目更辛苦一些，但它所需要的时间仅仅是后者的 1/2 甚至 1/4。 HIIT 是如此激烈和有效，很多时候一天中你只需要 20 分钟左右就可以有效地锻炼到全身的主要肌群了！

1. HIIT 常规流程

（1）选择一种有氧运动方式（跑步机、椭圆仪、划船机、单车等），并进行 5 分钟的热身。

（2）然后花点时间做一些适当的拉伸，准备开始正式训练。

（3）训练正式开始，有氧运动类，选择冲刺跑、俯卧撑、蛙跳、深蹲跳、开合跳等动作；无氧运动类可以选择徒手训练动作，如俯卧撑、深蹲、箭步蹲、引体向上等，或借助轻重量器械完成动作。

（4）一般选择 4~6 个动作，每个动作完成 15~20 次为一组，组间休息 10~15 秒，循环完成 3~5 遍。

（5）整个训练控制在 15 分钟以内。

（6）训练结束后，注意拉伸。

不管是自重训练、在健身房里借助器械，还是在户外做徒手无器械的训练，只要做到在短时间里进行高强度、有氧 / 无氧交替的训练方式，就基本符合 HIIT 的训练原则了。不过，一定要努力做到能承受的身体极限，这样效果最佳，如果有保留地做，也就白白浪费时间了。在运动 30 秒后，有 10~15 秒的休息，小口喝水、休息后，就要马上投入到下一轮的运动中。所以，HIIT 另一个最重要的目的就是突破自己，用意志驱动自己继续。

在慢慢适应这样的运动强度之后，可以适当增加一些动作或者增加每个动作的次数，或者多增加循环次数。

2. 对刚开始尝试高强度间歇训练的人们的 4 条建议

（1）由浅入深，循序渐进

高强度间歇性训练能更高效地减脂，帮助增强人体新陈代谢，但是高强度的训练也会对我们的心脑血管和神经系统带来一定负担。年龄、健康程度乃至性别都可能对我们在运动时的恢复速度造成影响。如果你刚刚接触 HIIT 这种训练方式，那么一周内进行 1~2 次训练就足够了，以避免运动过量。人的机体需要充分的休息，才能逐渐恢复，以适应下一次强度更大的训练。

（2）搭配其他喜爱的运动进行

间歇性训练在促进新陈代谢的效率方面是普通有氧运动的 2 倍。但仅仅 15 分钟的单独训练并不足以成为一套全面的健身计划。因此，间歇性训练还需要一些常规训练方式作为补充，例如：力量训练、瑜伽以及一些传统的耐力训练。常规训练方式有助于肌糖原的补充，还可以避免精神疲劳，产生厌倦心理。

（3）选择现成的训练计划

现今，我们可以借助互联网搜索到各种各样、名目繁多的 HIIT 训练计划，有适合初级练习者的，也有难度较高的。我们可以根据自身情况，合理选择一些适合自己的训练计划。在大家刚刚接触间歇性训练的初期，遵循这些现成的计划，能够让我们更加轻松地投入训练中。

（4）注意时间

不论是在跑步、游泳还是在力量训练区进行力量训练，我们都可以借助秒表或计时类 App 来辅助我们的训练。HIIT 对于体能有一定挑战，机体在疲劳时对时间的判断会有较大的误差，如果没有秒表的提示，较为困难的高强度训练很可能会由于组间休息时间过长而达不到应有的效果。

下面介绍几个 HIIT 的动作。

开合跳

起始动作时，双臂伸展，两脚打开至 1.5 倍肩宽左右。呼气，手臂向头上合起时起跳。

开合跳的动作如图 2-1 所示。

图 2-1 开合跳

原地高抬腿

大腿尽量抬高至与地面呈 90 度的位置，注意不要塌腰含胸，保持腹部收紧。与原地跑步不同，高抬腿追求的不是速度，而是大腿抬起的高度。

原地高抬腿动作如图 2-2 所示。

图 2-2 原地高抬腿

提膝卷腹

注意下背部贴紧地面或瑜伽垫，脖子不要用力，尽量让手肘碰到大腿前侧。

提膝卷腹的动作如图 2-3 所示。

图 2-3 提膝卷腹

跪式俯卧撑 / 俯卧撑

手臂力量和胸部力量较弱的女性，可以选择跪式俯卧撑。男性则可以选择将膝盖离地，做标准的俯卧撑。注意手的位置，一定要在肩部正下方，而不要过于靠近头部——这是一个多数人会犯的错误。

跪式俯卧撑的动作如图 2-4 所示。

图 2-4 跪式俯卧撑

深蹲跳

起始动作时，想象屁股向后坐，直到大腿与地面保持平行，同时挺胸收腹，保持脊柱中立，腰部不塌陷。呼气时蹬地起跳。

深蹲跳的动作如图 2-5 所示。

图 2-5 深蹲跳

波比跳

波比跳由一个俯卧撑、一个蹲地起跳组成。如果胸部、手臂力量不够，可以将俯卧撑动作省略。

波比跳的动作如图 2-6 所示。

图 2-6 波比跳

跟着下面这套初阶 HIIT 训练做，熟悉一下这种训练方式吧！

扫描二维码，一起做人马君 Let's HIIT 居家臀腿核心训练！

Tabata 又是什么？它和 HIIT 有什么区别？

Tabata 是由日本科学家 Izumi Tabata 博士于 1996 年创造的一种高强度间隔训练方法。最初目的是训练冬奥会速滑选手，方法是：20 秒的超高强度极限训练（通常是 170% 最大摄氧量——这种摄氧量，一般人早倒下了），然后休息 10 秒；再接一个 20 秒的超高强度训练，依次循环，持续 4 分钟。

Tabata 和 HIIT 有什么共同点？

通常 HIIT20 分钟的训练比在跑步机上连续跑 1 个小时还要有效，重点是前者达到了更优秀的效果并且节省了 40 多分钟的时间，这种训练方式让你在 20 分钟之内耗尽 100% 的体力。Tabata 训练的好处是能够在更短时间内达到上佳的效果。因此，如果你时间紧张，希望在健身房里迅速解决“战斗”，或者希望寻找一种适于用在力量训练结尾的燃脂“杀手训练”，Tabata 值得学习。

Tabata、HIIT 训练都会为那些想要保持肌肉质量的人带来好处，这两种训练方式可以更好地构建和维持肌肉质量，因为它们作用于快肌——一种容易生长的肌肉纤维。这两者从本质上来说并无太大差别——HIIT 是高强度间歇训练的总称，训练时间和间歇时间多样，4~40 分钟不等；Tabata 则有固定的训练时间和间歇，也属于一种高强度间歇训练，可以理解为 HIIT 的一个子集。

如何简单判断跑步过程中是否处于最佳减脂心率？

大家都知道匀速慢跑是有氧运动，但怎么跑步才能更有效地减脂呢？真正达到最佳有氧效果，通常会涉及到心率问题，也就是通常大家所知道的“有氧心率”或者“减脂心率”。

最佳跑步减脂的心率区域（适合一般人）：

减脂心率上限 ={（220- 年龄）- 静态心率 }×70%+ 静态心率

减脂心率下限 ={（220- 年龄）- 静态心率 }×60%+ 静态心率

那么，如何在跑步过程中知道最佳心率呢？除了佩带能够测量心率的手表外，通过感知我们的心跳速度和呼吸，其实就能掌控心率了。如果可以边跑、边唱歌，那么心率一般还没有超过最大心率的 60%，则说明需要加大运动强度；在跑步过程中，呼吸稍有些急促，但还可以正常地说话，那么这个速度就是保持在减脂最佳心率区间内的（如果达不到或者呼吸特别急促，则需要通过跑步速度进行调节）；如果运动的时候无法完整说话，只能“蹦字”，那么此时心率会是 80%~90% 这个区间，此时训练者已经处于一个高强度的运动状态，需要随时注意自己是否会出现头晕、胸闷等症状，一旦出现就要马上降低你的运动强度，因为这意味着你的大脑或者心脏正处于缺血的状态。危险心率在最大心率的 90%~100%，这时你已无法说话，极度疲劳，感到随时可能会失去意识。应尽全力避免让自己的心率达到这一区间。

值得一提的是，如果你的体能可以支撑高强度训练，那么采用短时间、高强度的间歇性有氧训练模式（比如上文提到的 HIIT 训练，或者变速跑）减脂效果会比持续时间长、强度恒定的有氧训练模式更好。

跑步会消耗肌肉吗？

要解答这个疑问，首先就得说说我们身体的供能系统。

表 2-2 在不同心率下运动所产生的不同效果

占最大心率百分比	运动类型	新陈代谢	运动效果
50%~60%	适应热身	脂肪	塑身、热身

（续）

占最大心率百分比	运动类型	新陈代谢	运动效果
60%~70%	有氧运动	主要为脂肪 / 少部分为碳水化合物	减脂、减重
70%~80%	有氧运动	主要为碳水化合物 / 少部分为脂肪	减脂、提升心肺能力
80%~90%	有氧无氧临界	碳水化合物 / 糖类	增肌、增强乳酸忍耐度
90%~100%	无氧运动	糖类	增肌、增进心肺能力

人体主要的三大供能物质是糖、脂肪和蛋白质。人体日常活动时的供能来自有氧系统，也就是糖和脂肪的燃烧，尽量节省蛋白质的消耗——因为蛋白质是人体一切细胞和组织最主要的组成物质，参与了细胞生命活动的每一个进程。因此，我们的身体不到不得已的时候不会大量消耗蛋白质。

但如果你体内的糖储备不够，也就是碳水化合物摄入不够、身体依靠糖类供能不足的时候，不管你做什么运动，长期下来身体除了消耗脂肪，也会开始消耗肌肉。所以，假如不想基础代谢越来越低，变成所谓的“易胖体质”的话，就要在训练的同时注意补充碳水化合物。

跑步也是有氧运动，因此主要是在燃烧我们身体内储存的糖原和少量脂肪，除非身体能量不足才会消耗肌肉。假如跑步超过了 1 小时，并且期间缺少补给，身体内的糖原（碳水化合物转化而来）不够提供能量时，那么身体就有可能在燃烧脂肪的同时消耗部分肌肉。这就是为什么以减脂为目的的跑步时间最好控制在 45 分钟到 1 小时之间的原因。

所以，我们的结论是，跑步是有可能“掉肌肉”的！但是如果跑步时间在 1 小时之内，并且注重饮食营养搭配、运动前后补给，并且搭配可以增加体内肌肉含量的力量训练，大可不必太担心“掉肌肉”的问题。

那么空腹进行有氧运动，肌肉会流失吗？

其实不管是不是空腹，长时间的有氧运动都会分解肌肉，但是这种对肌肉的消耗，并没有大家想象得那么夸张。有氧运动的性质是“分解”，主要目的是分解和燃烧脂肪，也就是我们所说的减脂。在这个过程中身体会试图分解肌肉，但因为身体内的肌肉是密度最大的细胞，这个分解肌肉细胞的过程还达不到让身体将肌肉细胞作为主要能量来源的水平——我们的身体无法仅仅依赖于分解肌肉来维持运动，这一小部分消耗，只是减少了一部分的供能负担。对于我们所做的绝大多数有氧运动，因为运动量少，分解的肌肉并不多。长时间的有氧运动才会分解肌肉来为身体供应能量，比如：马拉松、长距离的骑行、游泳等。所以在进行长时间的有氧运动后要注意营养的补充。如果我们的目的是得到更好的体型，那么在规律进行有氧运动的同时，我们一定要结合力量训练，它能在减脂同时帮助增加体内肌肉的含量，还能在视觉上增加肌肉的维度。

跑步会不会粗腿?

在姿势正确的前提下，跑步是不会粗腿的，你可以回想一下田径大赛上专业长跑运动员们，是不是没一个腿粗的?

正确的跑步姿势的几个要点，不仅可以防止小腿肌肉受到过度刺激造成粗腿，还可以预防运动损伤：

（1）身体向前，保持正直；

（2）脚尖自然落地，每一个动作都放松；

（3）手臂放低并向前摆动，手臂与肩膀向后扩，以展开胸部，以便呼吸顺畅；

（4）臀部收在身体正下方；

（5）头部向前，并保持在肩膀正上方，不左右偏。

扫描二维码，
轻松学会跑步

如果你还是觉得自己腿粗了，很可能这只是跑步后的肌肉充血而导致的暂时肿胀。此时脂肪层没有变薄，肌肉维度变大，因此腿围会暂时变得粗一些。这种肿胀过几天就会消失的，因此不用害怕跑步会粗腿。

很多姑娘觉得自己天生“肌肉腿”而不敢跑步。其实天生的“肌肉腿”在女生中真的很少见，因为没有常年的训练，是不可能那么轻易练出肌肉的。小腿粗大部分都不是肌肉的错，而是你肌肉外面那层脂肪的错。除了减脂之外，想要更加修长和匀称的小腿线条的话，运动完要养成拉伸的习惯，让紧张的肌肉得到舒展。

流的汗越多，减脂效果越好？

因为听闻:“汗水是脂肪的眼泪”，许多减重者为了流更多的汗，甚至穿着棉服、裹着保鲜膜跑步。其实，流汗和减脂并没有什么太大联系。

汗是由汗腺细胞代谢产生的含盐体液，而引起汗腺活动的一般刺激是热。汗液中的水分是从哪里来的？除了血液中的自由水外，就是贮存在身体各处的结合水。水在人体中所占比例很大，大概有70%左右，这就是汗液的主要来源。

1. 汗的作用是什么？

汗液的主要功能是调节体温，事实上也就是散热，同时还兼职排出一部分体内代谢废物。主要原理简单来说是这样的：当热引起血管扩张时，血液中的水将热转运至皮肤表面，然后随汗水蒸发，将热传到周围环境中。

而在运动时，人体的新陈代谢会加强，代谢释放的能量约三成用以做功，另外七成转变为热能，使体温升高，再经由汗液等方式排出。所以一般情况下，运动负荷量越大，持续时间越长，排汗量就越多。

2. 流汗与减脂有没有必然联系?

要解决这个问题，我们首先要知道另外一个重要问题，那就是我们真正应该消耗的脂肪最后去了哪里。饮食中摄取的过多的蛋白质、碳水化合物会被我们的身体储存成脂肪，而储存的形式为甘油三酯分子。从生物学上讲，人们盼望着减掉的“肥”，实际就是储存在细胞中的这些甘油三酯。这种分子含有三种成分：碳、氢和氧。减肥的过程，实际就是将体内的甘油三酯分子分解氧化。当甘油三酯分子被氧化时，这个过程会消耗许多氧气分子，产生二氧化碳和水以及其他一些废物。脂肪分解的确是产生了水，可这不代表脂肪分解是通过排汗而排出去的。通过一系列科学推算公式，我们现在已知：要燃烧 10 公斤的脂肪，个体需要吸入 29 公斤的氧气，这个燃烧脂肪的化学反应将产生 28 公斤的二氧化碳和 11 公斤的水。事实上，把这个数据平摊进脂肪燃烧的全过程，水的分量是微不足道的。运动时出的汗绝大部分仍然只是用来调节体温的，脂肪分解后直接生成的水在每次运动的出汗中几乎可以忽略不计。所以，流汗与减脂没有太大的必然联系。

3. 排汗服、保鲜膜为什么让人觉得“有效”?

这个问题要分两方面来解答：生理方面和心理方面。

先说生理方面。从上文中我们了解到，流汗是一种为了调节体温从而动用身体内的水分带走热量的生理过程，事实上可以看作是排出了体内水分。穿排汗服、裹保鲜膜运动，事实上是阻塞了正常的散热通道，让体温异常升高，身体就不得不通过大量出汗来散发热量。这样一来，等于大量水分被强行“逼”出体外，体重自然会减轻，很有可能局部的围度也会变小。但是问题在于，这样的体重减轻只是脱水带来的，而并非所谓脂肪，只要补足水分，这种“假象”也就自然消失了。

再来说说心理方面。上文中有提到，“一般情况下，运动负荷量越大，持续时间越长，排汗量就越多”，这的确没错，而且我们的生活经验也告诉我们，运动越努力出汗就越多。但是关键在于，这个命题逆推过来就有问题了：出汗越多，并不一定代表你运动越努力。

影响排汗的因素有很多，运动负荷是一个方面，体内储水情况也算是一个方面，外界环境因素更是不可或缺的。比如同样跑 5 公里，在炎热的夏季跑和在寒冷的冬季跑，出汗的多少是有一定差别的。

排汗只是一种散热机制，根据主观和客观情况的不同而随时发生变化，并不能用来衡量运动量和运动效果，但许多人的认知误区仍然停留在“运动时出汗越多说明效果越好”之中，而排汗服、保鲜膜一类的减肥方法，就正好切中了这一点。穿上排汗服、裹上保鲜膜，身体只能加倍出汗，稍微动动就有汗如雨下的效果，大家就会得到心理上的满足。

4. 那排汗服和保鲜膜减肥法有危害吗?

很遗憾，这种方法确实有可能会直接损害身体健康。我们的身体并不是因为排汗才减肥，而是因为减肥才排汗。排汗服和保鲜膜减肥法强行逼身体以非常规方式大量出汗，很有可能导致在运动过程中脱水，严重者甚至会昏迷。同时，这样的减肥方式会让你的汗水无法正常蒸发出去，全部聚集在皮肤表面滋生细菌，堵塞毛孔，非常容易引起皮肤过敏等症状。

排汗服和保鲜膜减肥法对我们运动时的表现也有负面影响。运动中水分和电解质的流失，会导致运动表现的下降，哪怕在正常的训练中我们都需要注意及时补充水分，何况是穿着排汗服、裹着保鲜膜。如果有亲身试过，一定明白当时那种在运动过程中身体越来越虚弱的感觉，哪怕不计较身体伤害，这也会让你达不到应该有的运动量，减脂也就更加无从谈起了。

是晨跑比较好还是夜跑比较好?

首先，对于入门者，夜跑比晨跑更容易坚持。毕竟“早起”是有些难度的，对于还未形成好习惯的新手们而言，实在是很难逾越的一座大山，所以入门者从夜跑下手会比较容易；其次，夜跑对睡眠有所助益，疲劳后的身体更容易进入睡眠模式，这也让熬夜党们避免了睡前还抱着手机玩不停的状况的发生，作息时间也就慢慢调整过来了。

夏天是比较适合夜跑的，八点多钟太阳已经开始火辣辣了，想要晨跑，起码要早上六七点钟开始才会比较凉爽，时间限制有些紧；晨起锻炼的时候，空气质量也相对较差，如果对此比较敏感，还是应该尽量避开这个时间段。

运动后的营养补给问题，其实也是不少人不知道该什么时候跑步的原因。夜跑回来如果比较晚，大家经常会遇到不知如何补充进食的问题。若是进食，好像时间已经有点晚了，吃了不好消化，容易影响睡眠，还可能导致能量堆积被转化成多余脂肪；若是不吃，肚子又觉得饿，运动后的身体也需要能量补充。而晨跑在补充能量这方面造成的心理纠结，就会少很多。严格减脂期可以选择空腹运动，但一般情况下还是建议先垫补点东西再去跑步，以防低血糖的发生。运动结束后再吃一顿正常的早餐，如此一来时间安排得就刚刚好。

至于部分跑者担心的安全问题，总的说来晨跑要好于夜跑。晚上时天色黑，如果是在户外、公路上跑步，行人、车辆、自行车往来，还是有一定安全隐患的。我们要注意的是，不管你是什么时候跑步、在哪里跑步，都要有警惕心，提防路况交通是一方面，独身跑步也尽量不要去太偏僻的地方。

排除以上因素，其实晨跑和夜跑在运动效果方面差距很小，如何选择完全取决于合适程度或者个人喜好程度。

运动时感到身体左侧或右侧的下腹部一阵阵的钻心疼痛是怎么回事?

运动时，特别是跑步中，很多人会经常出现胸肋部产生疼痛的情况，或者叫，“岔气”。“岔气”又称运动岔气或运动急性胸肋痛，症状一般表现为：胸部闷胀作痛，痛无定处，疼痛面积较大，尤其是在深呼吸、咳嗽以及转侧活动时，因牵制胸部而痛或窜痛，并有呼吸急促，烦闷不安，胸背部牵引作痛，胸部会有针扎感觉或顶压感。“岔气”情况比较常见于运动前没有做热身运动的锻炼者。尤其是跑步前没有充分热身，或者在进行强度较大、长时间的运动时，由于心脏器官的惰性较大，不能很快适应急剧的肌肉工作，引起腹部某些器官的机能紊乱，造成局部疼痛。所以，为了避免运动急性胸肋痛，我们要通过以下动作做好热身运动。

原地小跑

注意全身尤其是核心腹部肌肉的紧张，重心前移到前脚掌，快速原地跑步——尽量用自己能够做到的最快速度交替，因此腿不用抬得很高，争取达到你能做到的最高频率的步伐即可。

原地小跑的动作如图 2-7 所示。

图 2-7 原地小跑

侧滑步

跳跃交替进行图 2-8 中动作，后面的那条腿在跳跃过程中尽量不要落地，并保证手指触碰到地面。

图 2-8 侧滑步

深蹲跳

起始动作时，屁股向后坐，大腿与地面至大约平行、上半身与小腿平行，腹部收紧不塌腰。然后呼气双脚蹬地起跳。

深蹲跳的动作如图 2–9 所示。

图 2–9 深蹲跳

与“岔气”关系紧密的因素还有锻炼前的饮食种类和进食的时间。所以，大家在运动前要注意进食时间，运动前两小时内最好不要大量进食，如果需要能量补充，那么以少量碳水化合物类食物为主，比如食用一根香蕉或者一点点全麦面包、饼干，锻炼前的能量补充要尽量清淡、好消化、不油腻。

除此之外，在跑步过程中，横膈膜和内脏（尤其是肝脏）之间的韧带被反复拉伸，则是引起“岔气”问题的另一主要原因，每个人在跑步时呼吸方式的不同也会导致这一问题的发生。对于初级跑步者，我们建议把呼吸节奏与跑步频率配合起来，每隔两步或四步换一次气，在每一呼吸周期中，要着重在于呼气上，用力吐气，尽量保持呼吸处于恒定的节奏。

长时期没有运动习惯的人如果突然开始运动，或者因为大量运动而排汗，那么会导致体内盐分随汗排出过多，引起体内氯化钠含量过低，也容易引起“岔气”。对于第一种情况，运动量要逐步递增，切勿心急。另外，运动时要注意补充水分，小口喝、少量多次，否则过度饮用也会导致“岔气”。

如果发现和你一同锻炼的人已经发生了“岔气”，要帮助其缓解症状需掌握三个要点：

一是让他 / 她憋气，二是抻拉他的背部，三是轻轻地捶打背部（如图 2-10 所示）。这三个动作做得越及时，缓解“岔气”的时间就会缩短，效果越明显。

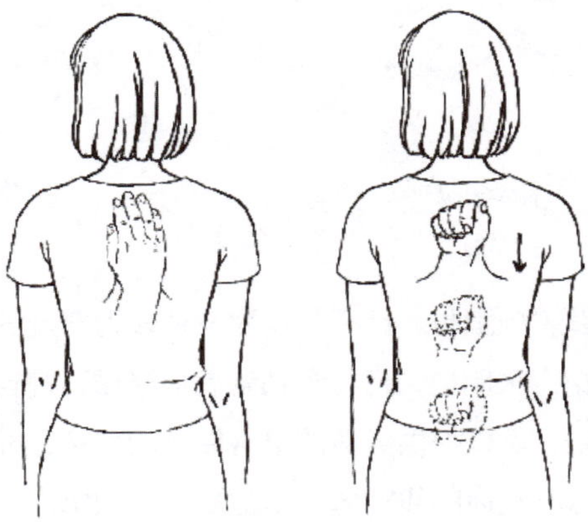

图 2-10　缓解“岔气”的两个动作：抻拉背部和捶打背部

游泳可以替代跑步吗？

游泳和跑步都是很好的有氧运动，二者基本上可以相互替代。首先，从热量消耗来看，同样心率下的消耗，跑步略高于游泳，但差别并不大（具体的热量消耗数据众说纷纭，这里依据多数资料中所持观点，不列举数据），当然这还取决于外界的环境和自身对于跑步或游泳掌握的熟练程度。如果游泳不熟练，无法采用正确的动作或者是必须借助浮力物才能漂浮起来，那么运动效果可能确实不如跑步来的好。

不过，游泳和跑步锻炼到的部位不同。虽说游泳和跑步都是比较均衡的全身性运动，但大家也基本都能感觉到，跑步时调动的主要是下肢和核心部位，而游泳则更多地运用到了上肢和胸背部。两者正好互补：天气适宜时选择跑步，炎热时选择游泳，是一个不错的选择。

游泳还有一点重要的优越性，就是对一些特定人群更为友好。对于刚开始运动的超重者、膝关节力量较弱或者入门减脂者，盲目地选择跑、跳类的运动，很有可能伤到膝盖，而在水中，这样的顾虑就会小很多。正因如此，膝盖等部位受伤后，也可以采用游泳的方式作为日常恢复训练的一部分。

骑自行车也可以减脂么?

骑自行车的确可以燃烧脂肪。自行车作为一种较为普及的有氧运动，骑半小时约燃烧 150 千卡热量。很明显，自行车通勤有益减重：骑自行车时，特别是长期间稳定的踩踏过程中，可以提供更多的富含氧气的血液，并在你布满十万多条微血管的腿上运转，这时候你的线粒体（脂肪燃烧中的肌肉细胞）也越来越大，这样它们就可以利用持续增加的氧气，来燃烧更多的脂肪，并产生更多的能量。

不仅如此，骑自行车还可以强化心脏功能，自行车热控减肥也被认为是克服心脏功能不全的最佳工具之一。单车运动反复练习，能使心肌发达，心脏变大，心肌收缩有力，血管壁的弹性增强，防止血管越来越细和心脏老化、功能退化。从而不受年龄的威胁，做到越活越年轻。

从心情和情绪的角度而言，骑单车还可以缓解心情上的郁闷烦躁。单车运动不止是一种热控减肥运动，更是使心灵变得愉悦的一种放逐方式。同时，人在骑行中，大脑会释放“内啡肽”，可以减轻人体疼痛，改善一个人的情志，让人在心理上感觉到自由、畅快的心情。

自行车运动还可以预防关节炎——骑车可以牵动下肢3对关节和26对肌肉的活动，可以使我们下半身肌肉的运动协调能力、肌肉力量、肌肉耐力增强。从这个角度而言，骑行可以在一定程度上预防腰部关节问题，增强腰部肌肉以及周围韧带的柔韧性，提高腰椎灵活性，防治腰酸、腰痛症；而与此同时，也不会给膝关节带来额外的负担，还能增进双腿的轻捷健美，延缓“人老腿先衰”的衰老进程。

当然，要想将骑单车的这些良好效果最大程度体现出来，还得取决于骑行姿势。

那么骑自行车的良好姿势是怎样的呢？

人们在正常骑行自行车时，应该将身体的重量均匀分配在自行车的“金三角”：“脚踏”、“手把”与“坐垫”上。而这三个点就是小伙伴们最应该注意的点。

（1）脚踏

用前脚掌踩踏板，可以使脚的上下摆动幅度增大，从而带动跟腱拉动小腿后侧的肌肉运动。

（2）把手

- **把手的高度：**设定把手的高度与长度时，要将把手设定在适宜的位置，让身体的重量能够分一些到上半身与手臂的肌肉上。
- **把手宽度：**车把手的宽度在设置时比肩膀再宽一点，至少要与肩膀同宽，这样操控时才会灵巧有力，而且胸部肌肉自然舒展，可以呼吸得很顺畅。

（3）坐垫

- **坐垫角度：**坐垫的角度大致上要保持水平，不过坐垫的角度绝不是固定死了的，它是需要合理调节的。
- **坐垫高度：**当脚掌放到标准踩踏位置，膝盖在踩踏的最低点有一点点弯曲时，这样的坐垫高度最好，这样的伸展姿势既可以兼顾踩踏时的出力，也不会让膝关节在踩踏时受伤。

最近，随着共享单车的流行，自行车成为众多城市的“街头红人”，希望这不是昙花一现，而能延续下去，让自行车成为出行的首选。因为，这既强身健体又为雾霾严重的城市带来一抹流动的清风。不过骑行者请注意：冬天温度较低，骑行请做好防寒工作；雾霾严重时，请戴上防霾口罩。

有氧运动时如何佩戴眼镜?

运动的时候佩戴框架眼镜非常不方便，相信这点大家也都有体会。大多数近视度数不高的人可能就会选择摘掉眼镜直接运动，但对于那些近视度数高的朋友以及需要精细视力才能进行的运动，比如乒乓球、羽毛球之类，不戴眼镜根本就和瞎了一样，更别提正常运动了。此时，隐形眼镜就是我们的最佳选择。

相比于普通框架眼镜甚至特殊设计的运动眼镜，隐形眼镜无疑都是更方便和安全的选择。它没有框架式眼镜的死角和曲面，也不会被雾气、水珠等影响视线，更不会在剧烈的对抗运动中误伤到其他人。

包括霍华德、卡特在内的许多NBA球员，都是戴隐形眼镜上场的。记得当年全盛时期的格兰特·希尔，在某届全明星赛上就掉了一只隐形眼镜，导致自己在场上“什么都看不清”。

但要提醒各位的是，隐形眼镜会使眼球一定程度上缺氧，不习惯的朋友们可选择只在运动前戴上，运动后洗手摘下，以保证卫生安全。同时，运动时的汗液也会使隐形眼镜的佩戴产生不适，记得要戴上发带或是及时擦汗，别让汗水流进眼睛里去。

此外，有部分运动项目的确不适合佩戴隐形眼镜，比如长距离的骑行运动，会导致眼睛干涩或进入异物，这种时候还是推荐选择佩戴框架眼镜。

感冒了，还能坚持去健身吗？

如果感冒了，你还在坚持健身，首先要为你坚持不懈的精神点个赞。换季时节感冒一类的小病小痛比较常见，这个时候要不要坚持健身，要视自己的具体症状而定。

我们都知道，平日里坚持运动，可以增强抵抗力，起到预防的作用。但如果一不小心已经生了病，坚持运动反而有可能使症状加重。为判断自己的情况是否适合坚持运动，目前有一种普遍被大家接受的方法叫作“脖子法则”。

如果你的症状主要在脖子以上，如轻度鼻塞、头疼和打喷嚏等等，你还可以继续健身。此外需要注意观察运动中和运动后是否出现体力不支、呼吸急促的现象，如果是，那么就得先好好休息几天。在带病健身时，运动量应该减少到平时的一半左右，避免冲击大重量，多喝水可以帮助你尽快恢复。

如果你的症状已经到了脖子以下，也就是蔓延到了全身，出现了咳嗽、发烧、疲乏、四肢无力等情况，就别再逞强去健身了。这样的症状一般表明你的身体的某个部位出现了炎症，此时继续运动很有可能会使病情加重。健身房是封闭空间，带着病菌去的你还有可能把感冒传染给其他人，损人不利已。

有些训练者可能会疑惑，为何生病之后去锻炼出一身汗会感觉轻松许多？其实这是运动过后人体分泌的内啡肽起的作用，它会让你感到轻松和愉悦，但等这个劲头过去，你就会觉得感冒更难受了。健身是很长远的事情，生病了就好好养病，等到完全康复再继续，并不会对你的增肌减脂大计带来太大影响。

在生理期能否运动?

当然能！不过生理期运动的前提是，你对自己有足够的了解，它包括：你平常是否有定期运动的习惯？以及生理期进行运动是否曾经感觉到不舒适？

假如你平时一直保持运动的习惯，即使在生理期运动也没有过强烈的不适感，那么我们可以推测，对你而言，生理期运动引起不适的可能性不大。不过我们也不能掉以轻心，几个原则性的问题不能忽视：

1. 尽量避免参与各种水上运动，即使用了内置的卫生棉条，也尽量不要选择下水游泳或者其他水上运动。经期女性抵抗力较弱，生殖系统易受攻击，游泳池细菌较多，极易感染；

2. 建议不洗冷水澡及用冷水洗脚；

3. 避免竞争激烈的体育比赛，避免高度的精神紧张或者过强、过量的运动。

还有一种情况：虽然平时一直保持运动，但在生理期进行运动仍然会感到非常不适——对于这样的女生，首先要更了解自己的身体情况。

首先，请确定你的经期是否规律，大部分女性经期都持续在一周以内，前三天量较多，但也有一部分女性的月经量是反其道而行之。其次，了解经期运动的“规则”：

1. 根据自身情况来决定运动形式，月经量大的几天以较为轻柔、舒缓、放松、伸展的运动为主，帮助身体血液顺利流通，缓解压力；

2. 避免参加剧烈和震动过大的运动，一定要避免对腹腔施压、避免将腿位抬得过高。注意避免以下运动：卷腹、俯卧撑、快跑、跳高、跳远、大负重的力量训练。

假如你平时没有运动的习惯、刚刚开始健身，但又急于健身效果、即使在例假期间也希望能保持健身计划——在这种情况下，建议还是注意经期的休息，保持规律运动几个月后，再尝试经期间运动。

如果你在例假期间并不会出现恶心，头痛，头晕，腰酸背痛，体力不支等严重的不良症状，而只是有些瞌睡、容易疲劳、腰部酸痛、懒懒得不想动的感觉，那么其实你是可以在生理期运动的，不用担心，只要注意观察运动后第二天的感受:如果睡一觉起来之后，运动后的疲累感可自行消失、出血量未增大，而且没有出现腹部疼痛，这就表明你的运动量和时间长度都是较为合适的。

怀孕期间也可以做运动吗?

很多人怀孕之后对运动有所顾忌，并不是怀疑运动的好处，而是担心孕期运动会造成某些危险。所以，我们先看一下哪些人怀孕后不适合运动。

根据美国妇产科学会（ACOG）2009 年的一份委员会意见，列出了孕期运动的绝对禁忌证和相对禁忌证。出于安全考虑，有下列情况的孕妇要限制运动。

1. 基础疾病

- 心脏病
- 限制性肺疾病
- 妊娠期高血压疾病
- 未能理想控制的Ⅰ型糖尿病
- 未能理想控制的癫痫
- 未能理想控制的甲亢

2. 身体状况不佳

- 重度吸烟

- 严重贫血
- 身体畸形而使运动受限
- 身材过瘦，即身体质量指数（体重（kg）÷ 身高^2（m）< 12，比如身高 1.60 米的人只有 30 公斤

3. 妊娠期异常情况

- 宫颈机能不全
- 多胎妊娠
- 中孕期和晚孕期阴道流血
- 前置胎盘
- 前次早产史
- 胎膜早破
- 过去有过胎儿宫内生长受限病史

国内还有种情况，就是怀孕前就根本不运动，怀孕以后了解了运动对怀孕的好处才开始运动。这种情况也需要注意。即使是非孕期，一个人从完全不运动到开始运动，身体也需要去适应这种变化，如果怀孕了，就更应该格外小心。

孕期运动出现下列情况，要马上中止，到医院就诊：

1. 任何身体不适

- 头晕头痛
- 呼吸困难
- 胸痛
- 肌无力
- 小腿水肿或疼痛

2. 妊娠异常情况

- 早产

- 胎动减少
- 胎膜早破
- 阴道流血

至于很多人担心前三个月运动会不会引起流产，后三个月运动会不会引起早产，会不会引起胎儿生长发育缓慢，宝宝会不会出生体重过低，甚至运动会不会引起死胎死产……已经有明确的证据显示，对于健康孕妇来说，这些都不用担心。

所以，准妈妈们在运动前，请先和自己的医生沟通，看一下自己是否适合运动，不要盲目，也不要想着一蹴而就。

孕期运动是指有目的性的、特意拿出时间来做运动，和做家务活等日常活动不一样。当然，如果怀孕期间还在从事较重体力劳动的女性，那么也就可以不再刻意去做运动了。

中等强度的有氧运动在整个妊娠期间都可以进行，所以有氧运动必不可少。孕妇其实有很多选择，比较温和的运动，如散步、走楼梯；希望锻炼充分、活动稍微剧烈一点的，可以游泳，但要注意泳池里的人不能太多，避免被撞击，还可以慢跑、快走、进行孕期有氧健身操等。市面上各种孕期健身操、孕期课程有很多，但其实我们选择哪种并不重要，重要的是坚持去做。在健身房自主进行训练的朋友，可以选择椭圆机、登山机等这类以大肌群为主、但是安全无冲击的运动项目。

最重要的一个原则，就是运动时的安全，重点是注意跌落和对腹部造成撞击的风险。

孕妇不适合可能有摔倒风险、容易失去重心、导致身体失衡的运动，所以要避免球类（乒乓球、羽毛球等，很可能单脚着地失去平衡）、骑马、轮滑、滑雪、潜水等项目。除此之外，平躺时容易发生静脉回流受阻，运动时的动作，也应该尽可能减少完全平躺的姿势。最后要提醒的是，进行比较剧烈运动后的孕妇发生感冒的风险会升高，这也是准妈妈们需要特别注意的。

体重较重，减脂期做什么有氧运动好？

对于大体重（BMI>30）的人群来说，跑步对膝关节的压力非常大，膝盖就非常容易受伤。所以对于体重基数大且想要减脂的小伙伴，不推荐跑步。但其实除了跑步，体重大的小伙伴还是有许多有氧运动可以选择的。

1. 游泳

游泳比陆地的运动负担小。游泳 1 小时可以消耗 400~700 千卡的热量，因为水浮力的作用，身体只承受 10% 的体重压力。

2. 快走

快走并没有跑步那么剧烈，更适合体重基数大的人群。刚开始，每周走路 2~3 次，等身体适应以后，逐渐增加到每周 4~5 次，每次 30 分钟左右，速度视身体情况而定。

3. 骑车 / 动感单车

无论是户外自行车还是动感单车，都是很适合体重基数大的人群的运动项目。因为车子坐凳可以帮助你承受大部分重量，从而减轻膝盖的压力。假如健身房有卧式自行车的话，非常推荐给体重基数大的小伙伴们，靠背和座椅分担了你绝大多数的体重，比起其他健身房有氧器械，对你的膝关节伤害更小。

需要注意的是，如果你是去健身房练习动感单车，不建议跟着教练上课，因为教练所教的课程为了加大难度，经常有各种站着踩车的动作，这对于大体重者来说对膝盖的负担较重。

女生如何正确地选择运动内衣？

1. 运动文胸是什么？

文胸是不同于内衣的，内衣还涵盖秋衣、保暖衣等，文胸就是“bra”，运动文胸则不同于普通的文胸，没那么多装饰和细节，主要用于运动。它具备吸湿排汗功能，可以内搭也可以外穿，设计结构综合了人体工学和面料特性，设计上更侧重功能性。

2. 为什么运动要穿专门为运动设计的文胸呢？

这就需要先了解一下乳房的组织，支撑乳房坚挺主要靠几个部分的组织：

（1）乳房悬韧带（也称库柏氏悬韧带）

因为乳房悬韧带是不可恢复的身体组织，这意味着，一旦乳房悬韧带因为运动时的振动而拉长，那么它将不会再收缩，长此以往，胸部就会出现下垂现象。

（2）乳房皮肤

随着年龄的增长和地心引力的影响，乳房皮肤会松弛，乳房自然就会下垂。

（3）乳房脂肪体

随着年龄的增长，乳房内的脂肪体会萎缩，导致乳房下垂。

（4）乳腺组织

乳腺组织会随着女性怀孕、哺乳的活动，以及年龄的增长有一个变大和萎缩的过程，一旦乳腺发生萎缩，乳房自然就会下垂。

同时需要注意一点，乳房整个是附着于胸大肌上的，没有骨骼支撑。所以，如果胸大肌较为有力量，这将会对保持乳房形状起到帮助作用——总是觉得自己胸形不理想的女性，可以多多注意进行针对胸大肌的力量训练。

乳房矢状断横式图如图 2-11 所示。

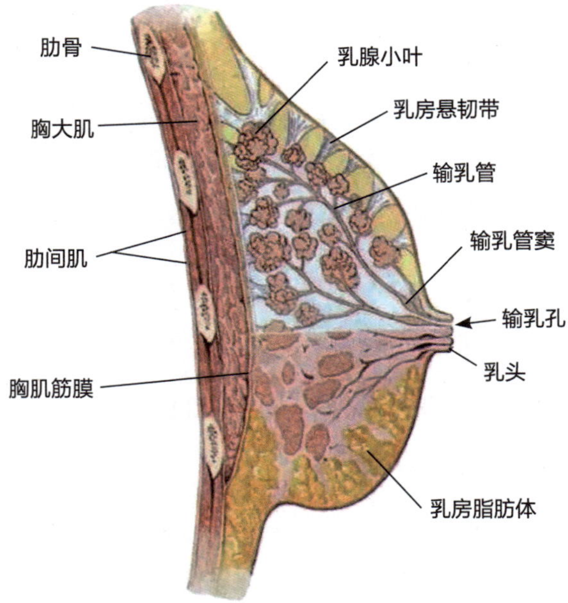

图 2-11 乳房矢状断横式图

乳房在运动时，不只会上下、左右移动，因为缺乏自体的支撑，更会呈 8 字型晃动。追踪跑步时的女性乳房的动态状况，在不穿任何内衣的情况下，75C 罩杯以上的乳房，在激烈运动中最大跳跃幅度可达 14 厘米，即使是 75A 也能达到 4 厘米的震动幅度。每跑 1.6 公里，乳房的移动距离可以达到 134 米。对比穿着罩杯式运动内衣的动态状况，即便运动内衣无法让乳房完全静止，却可将晃动幅度控制在较为规律的“8 字型”范围内，使其上下晃动的幅度缩小，可以避免过度晃动产生的不适与可能造成的伤害。说到这里，不得不提起几年前英国《每日镜报》的头版头条：麦当娜在公园晨跑时被看到戴着 3 个文胸。各位女性大概就明白运动时穿着运动文胸的重要性了吧！

3. 运动文胸和普通文胸有哪些区别?

（1）构造

运动文胸与普通文胸相比，会少肩带扣、调节扣、勾圈等辅料，但通常仍旧具备以下几个要素：

- 束罩带：是运动文胸的基础结构，也是主要承重部分，越宽的束罩带越能够起到支撑作用；
- 肩带：可以拉升罩杯但并不是文胸的主要支撑结构，肩带应该有最起码的弹性以减轻乳房的上下晃动，宽肩带会分散重量所以更加舒适，肩带需要确保在高强度运动中不会滑落和陷到肩部皮肤里。可调肩带可以适应不同的尺寸；
- 背扣（勾圈）：很多运动文胸都是套头式，尤其一些高支撑性运动文胸，当你汗流浃背的时候，要脱下它经常是一场艰难的战斗，因此有些运动文胸会加上背扣，以便于穿脱，但背扣样式和普通文胸不同，大多是宽尺寸的可插“9”扣，以防止意外伤害；
- 钢圈：若是有钢圈，材料可以是金属或塑料的，通常都具备弹性，这样可以随着动作的移动起到保护乳房的作用，也能起到更好的支撑作用。

（2）工艺

大多为针织结构，弹性佳的纬编汗布、罗纹结构或者固定性好的精编网眼。

（3）面料

面料为涤、锦、氨纶等，耐磨性较好，同时密实的纹理能够更好地束住胸部，避免胸部因晃动拉伤悬韧带，一般贴近皮肤层为纯棉，吸湿；外层为涤纶、锦纶等化纤面料，以便排汗。

（4）种类

- 罩杯式：大部分的日常内衣都是这种款式，它用单独的罩杯包裹和承托乳房，不会对乳房造成挤压，比较适合低冲击力训练；

- **压缩式：** 顾名思义是通过把乳房挤压在胸壁上来限制其在运动时的晃动，它没有独立的罩杯设计，较为适合中低冲击力的训练；
- **压缩 / 罩杯混合式：** 结合两者之长，既有良好支撑，又能保障舒适性，比较适合高冲击力的训练。

（5）款式

- **交叉式：** 后背交叉吊带型，肩带可调节，也较好隐藏在运动背心下；
- **竞赛式：** 大多为Y型、工型等款式，但不可调节，所以选对尺码非常重要；
- **背心式：** 这是最近似日常文胸的款式，大多有背扣，可以进行很好地微调，有些背心也会设计成交叉式。

注意： 细带不如宽带的保护支撑作用那么强，但比较容易隐藏起来。所以美观和实用是个需要妥协的平衡，应该根据实际场景选择需要的款式。

4. 如何选择适合我的运动文胸?

挑选合适的运动内衣，只有一条准则：穿着舒适、减少伤害，这样你才可以全身心地投入到运动中。

首先各位女生得知道你的胸部尺寸。

- **测量底围尺寸：** 脱掉上衣，穿贴身不带垫的文胸，用软尺测量胸腔围度（下胸围，大约就在乳房下面，或者是你平日所穿内衣的下方）。软尺应该拉紧但是不会阻碍正常呼吸。测得的胸下围数值为厘米数，可近似到最近的5的倍数直接使用。比如测得76.5厘米，那么就是75厘米， 如果是77.5厘米，那么就是75厘米或者80厘米都可以。

- **测量上胸围**：用软尺松松地测量上胸围（整个乳房最大围度）。注意软尺在背后要和前面平行，然后四舍五入到最近的整数，单位用厘米；
- 计算罩杯尺寸。

表 2-3　中式测量法罩杯尺寸对照表

上下胸围差（CM）	< 7.5	10	12.5	15	17.5	20
罩杯尺寸	AA	A	B	C	D	E

5. 根据运动强度挑选文胸

你需要知道你所进行的运动对于乳房保护的要求，运动强度按抵抗冲击力的级别大致分三级，如表 2-4 所示。

表 2-4　不同运动对乳房带来的冲击力

抵抗冲击力		
低	**中**	**高**
走路	低强度攀岩	跑步
瑜伽	滑雪	跳操
公路自行车	旱冰	山地自行车
器械训练	动感单车	跳舞
普拉提	椭圆仪	网球

结合上文中提及的文胸款式如下。

- 低支撑强度文胸：罩杯式、背心式；
- 中支撑强度：压缩式、交叉式；
- 高支撑强度：混合式、竞赛式。

6. 如何决定是否购买运动文胸?

在购买运动文胸之前，有条件的话，请尽量实际穿着尝试。在试内衣的时候你应该注意:

- 试穿时应该感到比你平时穿的内衣稍微紧一点，但不要紧到内衣后面搭扣在中间的时候你深呼吸会感觉不舒服;
- 腋下、肩胛和胸部不应该感觉到摩擦;
- 如果内衣有搭扣的话，确定搭扣也不会挤压到皮肤;
- 肩带不应该陷入皮肤;
- 穿好内衣后将两手举过头。如果束罩带上滑，那么你可能要买个窄一些的运动文胸或者调整一下下肩带的松紧;
- 罩杯的布料应该柔滑，皱纹或者凹陷说明罩杯太大了;
- 原地跳或者原地跑看看内衣的支撑性。

7. 如何保养?

请尽量手洗运动文胸。要想使运动文胸能够更好地发挥功效，那么尽量每6～12个月更换一件。如果你的运动内衣开始出现以下情况，那么你可能需要换一个新的:

- 文胸的尺寸变大变松;
- 运动时乳房上下跳动的幅度变大;
- 文胸的布料开始起毛。

久不运动的肌肉会重新变成脂肪吗?

坊间流行一个说法：运动可以锻炼肌肉、减少脂肪，不过一旦停止运动，你辛苦锻炼来的肌肉就会变成脂肪。最常见的证据就是一些运动员现役期间身材非常令人艳羡，一点赘肉都没有，退役之后没几年就体重暴涨。

而事实是肌肉不会变成脂肪，而脂肪亦不可锻炼成肌肉。因为脂肪与肌肉是人体中两种完全不同的组织：脂肪是由脂肪细胞组成的，功能主要是储存能量，同时亦可为身体作缓冲（撞击）及保存热量；肌肉则是由肌细胞（肌纤维）组成的，有收缩、舒张等功能，以帮助身体做出各种动作。

一段时间不运动，肌肉并不会变成脂肪，而运动之后身形变苗条，也并不是因为脂肪变成肌肉了。大部分退役运动员之所以体重暴涨，并非因为肌肉变成了脂肪，而是因为在他们退役后，运动量锐减的缘故。在长期不再规律运动后，原本紧张结实的肌肉就会变得松弛、萎缩。这段期间，如果在饮食方面也没有做出适当调整，仍然保持着之前规律训练、体能消耗较大时期的大食量，那么发福就不可避免了。

这个时候如果发胖，并不是因为肌肉变成了脂肪，而是肌肉萎缩的同时脂肪增加了。因为肌肉变得松弛、覆盖的脂肪层又变厚，摸上去手感比以前松软了，这样就造成了“肌肉变成了脂肪”的假象。

CHAPTER 3

人马君 FITSTART

第三章

无氧增肌

人鱼线 VS 马甲线

女性为什么要进行力量训练？不会变成金刚芭比吗？

首先，我们要达成一个共识：人马君和各位所追求的女性美，应当是凹凸有致、健康的曲线美，而不是竹竿身材。

“练肌肉”会让你的身材看起来更紧实、丰韵有致。女性没有先天的身体条件练成男性的大块头。肌肉的生长需要一系列复杂的激素调控，其中一种激素至关重要，它名叫睾丸酮素，简称“睾酮”，没有它，肌肉是很难生长的。睾酮主要依靠睾丸分泌，但问题是：女生是没有睾丸这个器官的，即使女性的卵巢也能天然地分泌出一部分睾酮，但分泌的总量极少。正常的成年男性，每天大概能分泌2.5~11毫克睾酮，女性分泌的量远远低于这个数值，所以女性长肌肉是很难的。这样的性别特征决定了女性不会因为有男性那样高的睾丸酮素水平，从而长出健硕的肌肉。女性如果想要拥有男性般的肌肉，是需要注射外源性的睾酮，也就是合成代谢类固醇，才能达到那么高的肌肉生长水平。追求健康体型而训练的普通女性健身者，完全不必担心自己因为力量训练而变得健硕。

再者，哪怕是有了足够的睾酮分泌，生长肌肉依旧是一件很难的事情，更何况只是希望变得更健康的普通人呢？想要练成专业健美运动员般的体型，需要长期的力量训练，再加上极好的饮食控制：规律地进行多组、大重量的力量训练，再加上高蛋白质、少食多餐的饮食方式——即使是男性，增肌也是以“年”为单位的。

好多女生在经过一段时间的训练后，说自己变“壮”了，就对无氧训练产生了抗拒和恐惧感，很可能是因为你没有合理地安排好自己的饮食，除了少量骨骼肌，还长出了一层皮下脂肪。你多多少少可能获得了一些肌肉，但是要想达到肉眼可见的程度，视觉上有肌肉线条感，还要求较低的体脂率。很多健身者会有一种“代偿心”，认为自己锻炼了、想要“长肌肉”，就可以多吃一点，这其实是错误的概念——的确，训练后蛋白质和碳水化合物的补给是十分重要的，但这并不意味着你能想吃什么就吃什么。只要控制好每天进食摄入的热量，不要因为“增肌”的目的而任由自己胡吃海喝，过量摄入诸如油炸食品、甜点、深加工零食等垃圾食品，你就不会变得“壮”，反而会因为骨骼肌的增加，看上去更有曲线美！

训练方面，有很多女生只敢尝试一些重量极其轻的塑胶小哑铃。但是，接触无氧训练一段时间之后，太小的重量对于肌肉的刺激是不够的。对于有增肌需求的女生来说，建议在个人训练水平得到提升后逐步开始尝试增加负重。勇敢地去尝试10公斤～15公斤的负重吧。把你的长期目标锁定在大约20公斤～25公斤的级别上，在有人保护、而且力所能及的情况下，尝试进行大重量、小组数的训练，并且保证每个动作每组做8~15个；你可能会逐渐享受到举铁带来的满足感，感受自己在训练和生活中变强的美好感受。

另外，有很多女生十分在意自己每时每刻的公众形象，特别是在健身房里，怕自己因为做力量训练而“太男人”、不够淑女。大家要学着说服自己，健身训练不是去做美容美甲，并不是轻松、享受的；肌肉的生长、好身材的塑造，必须伴随着训练时的一些疼痛感和不舒适。可能在你刚刚尝试大重量的时候是没有精力去顾及形象的，但是千万不要仅仅因为害羞就放弃，挑战自己，做到自己的极限吧！要知道最后的那几次努力，才是最高产、“含金量”最高的训练。

大胆去运动吧！肌肉是好东西，要珍惜它，而不是惧怕它！

为什么仅锻炼一阵就感觉肌肉变大了?

进行了力量训练之后，所练部位的肌肉变大了，那其实是正常的肌肉充血。肌肉充血会造成一定的围度增加，但这是暂时性的，一般练完就会消退或者陆续在几天内消退。那么，肌肉充血又是怎么一回事呢?

充血，是指人体组织或器官的血管内血液含量增多。简单来说，就是你身体某个部位的血流量加快，血量增加。充血大致分为两种，动脉性充血和静脉性充血。顾名思义，动脉上的充血叫动脉充血，静脉和毛细血管上的充血叫做静脉充血。动脉性充血简称为充血，静脉性充血可以简称为淤血。动脉充血如果排除病理性的，一般来说是对机体有利的，而静脉充血一般是对人体有害的。

那么，肌肉充血是什么类型呢？它属于动脉充血，更准确的说法是：骨骼肌动脉主动充血。在进行运动时，肌肉收缩要消耗人体能量，需要血糖和肌糖原分解供能，这个过程靠的就是血液的循环运输。所以训练的时候，大部分的血液是堆积在肌肉中的，血液堆积在血管中会造成什么影响呢？血管会被适当撑大来加快血液的循环，在视觉上的效果就是某一部分的肌肉变得更大了，同时肌肉也变硬了。这只是暂时性的，停止训练、休息恢复后，血循环会恢复正常，血管重新回缩，自然而然充血就下去了。很多女生跑完步后，感觉自己的小腿变粗、变硬了，其实就是这个道理，完全没必要大惊小怪。

想要增肌，是做无氧运动，还是做力量训练?

力量训练是英语“Strength Training”的直译，根据字面意义，就是专注于提高肌肉力量、肌肉的无氧耐力以及肌肉体积的一种训练。比如，原本一个人连一个标准的俯卧撑都做不起来，是因为肌肉的力量不够，而经过力量训练，肌肉力量提升了，自然也就可以做到标准俯卧撑了。

力量训练的目的就是提高肌肉的力量和体积。简单地说，肌肉的生长是一个撕裂、补充、恢复生长的过程。肌肉的生长需要力量训练：即大重量、高强度的训练去进行，以达到肌肉纤维破坏的结果，之后身体会通过自身免疫功能，调动营养物质去修复这些纤维——肌肉就是这样“变大”的。这就是为什么健美爱好者在健身房都在做重量训练，包括自重训练和器械辅助的力量训练。这些重量训练大多都是负荷强度高、瞬间性强的运动，而它们需要我们的身体利用无氧供能系统来动员体内能量，所以它们才会被称为“无氧训练”。

因此，“无氧运动”一词所指代的是一种运动的途径，而“力量训练”指的是一种运动目的。但是，如果细究起来，还是用“力量训练”这个词更准确些——因为人的机体并不能完全地自主控制自己所做的运动到底是有氧运动还是无氧运动：有氧与无氧之间并没有绝对的界限，也无法在一瞬间从一种状态转换到另外一种状态。更多时候，它们二者互相重叠，只不过有时候有氧供能系统占主导，有时候无氧供能系统占主导。进行某一种运动时，哪个供能系统占主导，我们就统称这一种运动为无氧或者是有氧。

进行力量训练时，如何正确地呼吸？

一般新手上路做力量训练的常规呼吸，推荐做动作前深呼吸；在进行力量训练时，呼吸要缓慢而有节奏，这样有助于预防血压的突然升高。

我们在做深吸气时，横隔膜会收缩并向下移动。这个动作会在胸腔开辟更多的空间，使肺部得到扩张。空气会通过支气管进入肺部，进入被称为“肺泡”的气囊中。呼气时，隔膜放松并且上行移动到胸腔。肋间肌肉放松，这也导致胸腔会缩小。胸腔内的空间减少使得二氧化碳通过鼻腔离开肺部，在一次又一次的锻炼下，腹部肌肉的收缩会更加频繁，也更频繁地推动隔膜对肺部的挤压，你呼吸的频率也会增加。

对于进阶者来说，进行大重量训练时，推荐做“瓦式呼吸”。瓦氏呼吸有别于正常呼吸，具体操作方法是：先深深吸入一口气，再用力闭住憋气，此时再收缩、挤压腹部的肌肉，“假装”呼气，也就是说——呼气时，你的腹部、尤其是小腹是收缩向内而不是像一般呼吸时放松、鼓起的。不少采用这种方法的人会形容这种感觉类似于：你想咳嗽但刻意憋住、不让它咳出来。这样做的主要好处之一是增加腹压，在未排出来的气和胸内压共同作用下，增加对你脊柱(即腰椎)的稳定性，可以减少受伤的风险。瓦式呼吸是一种安全、有效的应用方法，但我们需要注意的是：在锻炼时，假如长时间屏住呼吸，有可能会导致昏厥，因此，无论采用什么呼吸方式，都要保证训练时换气规律、不憋气。

尝试不断更换不同的训练项目，健身效果会更好吗？

有坊间传闻称：长期做同一种运动会使健身效果打折扣，所以应该尽量在以一周为单位的时间内，尝试不同的运动。事实上，换运动计划的频率并不需要那么频繁，尤其是在大家已经很明确自己的训练目标之后，更要坚持按照自己的计划执行。对于某一项运动有热情、追求运动表现的健身爱好者，更加不宜频繁地尝试不同的训练安排。

但是，如果不是为了刻意追求局部造型，那么要尽量避免常年只练某一个部位，或者常年只做同一种健身项目。这不仅仅会让人容易感到枯燥、疲劳，失去对健身的兴趣和动力，同时身体也会因为习惯固定的刺激，导致平台期的来临。对于一般的爱好者，健身项目和动作可以经常换一换，比如跑步和HIIT换着做，如果是集中针对一个部位的训练也可以适当采用多样的训练动作。

假如你刚刚为自己制定了一份训练计划，那么大概要坚持这份计划6～12周才能取得较好的效果。我们的身体其实是非常聪明、精密的“机器”，每当你做一个新的运动，身体都需要时间来一点一点地适应和掌握这个对它来说还非常新鲜的挑战。除了肌肉，大脑也会学习如何最好地调用肌肉来完成整个动作。这个适应和生长的过程会持续8周左右的时间，直到身体完全接受和掌握这个运动。在适应过程中，肌肉会渐渐生长、变强。天天变换训练的动作和步骤会破坏学习过程，使身体持续处在一个“困惑”的状态。

深蹲会伤膝盖，是无法避免的吗?

相信各位都听过“不深蹲无翘臀”的口号，深蹲的确是最为基本同时也是最为见效的复合动作之一，但也很考验训练者的理论和实践知识功底，可以说深蹲就是健身的“基本功”。

正确的深蹲，会动用到3个关节，分别是髋关节、膝关节和踝关节。一般情况下，踝关节只承受很小的重量，绝大多数重量由髋关节和膝关节共同承担。正确发力的深蹲动作不会伤害关节，甚至有益于膝伤的预防和恢复。

但是问题就在于：很多人的深蹲姿势是错的。髋关节无法正常发力或者缺少力量，会导致蹲起和下落的力量全部压在膝关节上，这才是所谓“深蹲伤膝”的真相。

其实，相比而言，最普通的慢跑动作，很可能才是造成膝盖损伤的元凶。不信？来看两组实验。

一位美国学者在1985年找来3位平均体重110公斤的力量举选手，请他们在实验室里深蹲250公斤的重量。数据显示，深蹲对膝关节确实有很大的压力，在深蹲的过程中，记录到股骨与胫骨（大腿骨与小腿骨）间的最大压力高达7 000牛顿，相当于714公斤，是选手们体重的6倍以上。

另一个实验是在2009年，新西兰学者找了10位平均体重78公斤的业余男性跑者，通过仪器记录他们慢跑时关节承受的压力。神奇的是，在平均时速13.9公里之下，他们的膝盖所承受的最大压力竟也高达6382牛顿，是他们体重的8倍以上。

所以说，“伤膝”这个“锅”不能全甩给深蹲。如果深蹲和慢跑中出现姿势错误，对膝盖的影响更是会变本加厉。徒手深蹲相比于长时间的跑步，对膝盖的影响几乎可以忽略不计。但无论哪种运动，都要注意动作中的正确姿势。

什么才是正确的深蹲姿势？

深蹲

垫杠铃片时，我们的重心后置，更好地刺激臀大肌

身体重心压在后脚掌，下蹲到大腿股骨与地面大约平行的位置，挺胸收腹，膝盖与脚尖的方向一致。上半身的倾斜角度与小腿始终平行。

垫杠铃片的深蹲动作如图 3-1 所示。

图 3-1 垫杠铃片的深蹲动作

想要借助深蹲更多地刺激到臀部，也可以不借助杠铃片，将重心压在脚后跟处完成动作即可。

不垫杠铃片的深蹲动作如图 3-2 所示。

图 3-2 不垫杠铃片的深蹲动作

注意：重心置于整个脚部而不刻意置于脚跟，以大腿前侧的股四头肌发力为主。

扫码可以看到基础深蹲的视频

还有些时候，垫脚深蹲其实是一种无奈之举，因为也许不垫前脚掌的话，一些训练者就无法完成深蹲。这些需要借助垫脚的人，大部分都是有这样一个问题：进行普通深蹲时，大腿无法做到与地面平行甚至更深，或者蹲下时重心不稳，总有向后摔倒的趋势。如果脚下踩杠铃片形成坡度，可以解决这个问题，可以使他们更好地完成一个正确的深蹲动作。他们为什么就蹲不下去呢？这有可能是因为小腿前侧肌肉、大腿后侧韧带过于紧张，导致了小腿前部肌肉、屈髋动作的活动受限导致的。

知道了原因，我们也就不会在健身房盲目模仿他人动作了。也就是说，其实并不是每个人都需要这样做！

至于不得不垫脚的这部分朋友，其实利用杠铃片垫起前脚掌进行训练也是可行的，但如果想改善自己小腿活动受限的情况，首先可以针对小腿前后侧做拉伸和放松运动。泡沫轴滚动按摩就是个不错的方法。

胫骨前肌泡沫轴按摩放松

胫骨前肌按摩放松的动作如图 3-3 所示。

图 3-3 胫骨前肌泡沫轴按摩放松动作

注意：这个动作中，被按摩的胫骨前肌位于小腿前侧靠外的位置，而不是小腿的正前方。

小腿后部泡沫轴按摩放松

小腿泡沫轴按摩的动作如图 3-4 所示。

双手撑住身体，将要按摩的一侧小腿搭在泡沫轴上，缓慢滚动；另一条腿搭在被滚动的小腿上可施加更多按摩压力。

图 3-4　小腿后部泡沫轴按摩放松动作

力量训练时的组间休息多久才合适?

在组间休息时，消耗的能量以及运动产生的酸性代谢物渐渐恢复和消除。经过休息，身体能量恢复到可以继续运动的水平，这时候就需要对肌肉继续进行刺激，刺激深层肌肉，以提高训练效果。同时，组间休息不仅能将锻炼效果最大化，还能调节状态。经过一组或者多组训练后身体开始乏累，这时候一些休息便能调节，以便给自己下一阶段的训练备足能量。支撑不下去的时候不要硬撑，不要带有心理负担，只要注意控制休息时间，不要让辛苦训练的效果减弱就行了。

间歇时间的长短，一方面取决于训练的器械重量，另一方面则要根据所消耗能量的恢复情况而定。

当训练时采用的器械重量较大时，能量消耗自然会大，这时候要有足够的休息时间才能防止身体过快地进入衰竭的阶段。负重进行力量训练时，人体主要靠无氧供能系统供给身体能量，能量消耗后，供能系统需要更多的休息时间才能够基本恢复。所以，进行大重量、低次数训练时，休息时间需要加长，在3~5分钟比较合适。这样的休息时间，可以保证你在下一组训练开始时，肌肉疲劳度最小，力量水平最大。而一些无器械、小器械的训练，有时候则只需要10~15秒左右的休息时间即可。如果希望最大限度地刺激肌肉、保护肌肉组织而不在训练中过度消耗它，那么最好等到心跳速度基本下降到日常水平后再进行下一组训练。

每个人肌肉恢复的能力是不一样的，同样的训练强度，可能会因为自身肌肉耐力及恢复情况而需要不同的休息时间。有人肌肉耐力较好，恢复的速度快，那么可以将休息时间缩减，有人恢复速度慢，那就需要延长组间时间。总之，时间太短，会影响下一组的训练，时间太长又会影响整体训练效率，训练的时候要根据实际情况来。

做力量训练，最后几个动作做不动了怎么办？

有些健身者会发现，做力量训练，比如卧推、飞鸟时，做到最后第三组、第四组的最后几次动作时就无法坚持了。以卧推为例，比如自己能够坚持标准地完成 12 次动作，但做到最后一两组的后半段时就会觉得吃力，那么这时候可以采取两种办法：一是减重量；二是休息几秒后继续。

举例说明，假如你的训练计划是杠铃卧推负重 55 公斤并完成 4 组，每组 12 次，但是在做到第三组的第 10 次时就开始觉得非常吃力了，这时候就可以把重量下调到 50 公斤或 52.5 公斤，然后继续做完最后的两次卧推；进行第四组时，也不需要重新加重量，继续用 50 公斤或 52.5 公斤做完就可以。此外，觉得自己吃不消时，还可以停下来休息几秒钟，再一鼓作气继续做完，下一组也可以把组间休息间隔拉长，给自己一点时间进行恢复。

至于实际选择哪种，可以视情况而定，但是一定要记得，无论如何选择，我们需要遵循的原则就是保持动作的标准性——千万不要为了逞强或者冲击大重量而使动作变形，这样不但无法有效训练，更容易受伤，那就得不偿失了。

制定训练计划时，有哪些需要特别注意的因素？

理论上来说，同一块肌肉相隔训练的间歇至少要 48 小时以上，如果强度大的话，甚至需要 72 小时以上。但是每个人都有着个体差异，而且每个人每次锻炼的强度都不尽相同，因此适用于众人的准则并不一定适合你。所以，想要获取好的锻炼效果，间歇时间可能并不是理论上说的 48 小时或者 72 小时以上。

但是，健身锻炼前，建议还是要制定一个可以对应操作的训练计划。包括训炼次数（一周练几次）、训练时间（每次训练多长时间）、训练部位（每次并非全身各部位肌肉都要锻炼到）、训练组数（某一部位的肌肉群，在一次训练中需要练几组）、动作次数和器械重量等。

1. 锻炼次数

从训练水平来讲，分为初级水平（3 个月 ~1 年训练时间）、中级水平（1~2 年训练时间）、高级水平（2 年以上训练时间）。

初级水平因为训练时间不长，肌肉对运动后的反应比较敏感，这个阶段建议进行全面锻炼，练一天休息一天，每周锻炼 2~3 次是比较合理的。例如，周一、周三、周五练习，周二、周四、周六、周日休息，休息日可进行原先爱好的其他运动。也可隔天练习。对初练者来说，锻炼次数每周超过 3 次或少于 3 次，效果都不好。次数少了，肌肉得不到应有的刺激；次数多了，肌肉疲劳过度，又不利于肌肉的增长。

中级水平因为此时肌肉已经达到一定围度或力量水平，这时可以增加锻炼频率，每周两次对身体各肌肉进行针对性训练，一周锻炼 3~4 次是比较合适的。

作为高级水平锻炼者，相信此时对于锻炼频率以及周期都是得心应手了，只需要根据自身条件进行合理安排。

2. 锻炼时间

初级水平锻炼者一般一堂训练课以1小时左右为宜。随着力量的增加，锻炼时间可加至1.5小时，最多2小时。各组动作之间休息时间不可太久，约30秒~60秒左右；一个动作的规定组数练完后，换另一个动作之前，休息时间可以略长些。锻炼时间安排在白天或晚上均可，以下午5点左右为最佳，但睡前1小时一定要结束训练，否则可能影响入睡。

3. 锻炼部位

不少健身爱好者往往会倾向于训练已经比较强壮的肌肉群，因为比较强壮的肌肉群做动作更加得心应手、更有乐趣，会故意或者不自主地忽视薄弱肌肉群的训练，因为薄弱肌肉群做动作没有那么流畅、不适感强烈。但我们要注意全身肌肉的匀称，从而达成力量和体态上的平衡。

每次训练要练哪些部位，没有统一的标准，但有一个原则：全身各肌肉群最好每周都得到锻炼，但某一局部肌肉锻炼后，最好休息 24 小时。此处，初练者锻炼各部位肌肉的顺序，一般是从上肢到下肢。初练者可根据以下计划来安排锻炼内容，见表 3-1 和表 3-2 所示。

表 3-1 每周锻炼 3 次的参考训练内容

日期	锻炼部位
周一	胸、肩、臂
周三	背、肩、腿、腹
周五	胸、背、手臂、腿、腹

表 3-2 每周锻炼 4 次的参考训练内容

日期	锻炼部位
周一	胸、肩、背
周二	颈、手臂、腿、腹
周四	胸、肩、背
周五	颈、手臂、腿、腹

如果不能在上述时间内抽出整块时间锻炼，每天只有少量时间锻炼，那么第一天和第二天所练的部位不应相同，注意满足某一个部位的肌肉锻炼后要休息 24 小时的原则。

4. 锻炼组数

关于锻炼肌肉的动作，一般来说，初练者头一周内，每个动作只练一组，每次训练课不超过 8 个动作；第二、三周每个动作练 2 组；第四、五周每个动作练 3 组；第六周以后每个动作可练 4 组。上述安排并非一成不变，初练者可根据自身的情况灵活掌握。

5. 动作次数

锻炼某个部位的肌肉一般要练若干组动作，而每组动作是由若干重复的动作组成的。这里还有一个规律，即大负荷、少次数、少组数的方式对增强肌肉力量和爆发力比较有效；而小负荷、多次数、多组数的方式有利于缩减脂肪，使肌肉线条清晰、轮廓分明。每组动作重复 1~5 次主要增长绝对肌力和体力，6~12 次主要增长肌肉围度，13~20 次主要发展小肌肉群和增进肌肉线条弹性，25 次以上主要用于减脂、增强心肺功能、健身塑形等。

6. 器械重量

“RM”是英文“repetition maximum”的缩写，中文译义是“最大重复值”。当你举某个重量的时候，能最多重复的次数，就是这个动作这个重量的 RM。如果你 30 公斤卧推只能做一个，那么你的 30 公斤 RM 就是 1。如果你 10 公斤卧推能做 10 次，那么你的 10 公斤 RM 就是 10。如“6~12RM”所表达的就是最多能重复 6~12 次的重量。

如训练计划为：10 公斤哑铃单臂弯举 3~4 组，6~8RM。解释为：用 10 公斤哑铃进行单臂弯举练习，竭尽全力最多只能连续弯举 6~8 次为一组，这样的重量、次数连续做 3~4 组。

7. 增加负荷

健身爱好者经过一段时间的锻炼，肌肉增大了，力量也加强了，为了使肌肉继续增大或保持良好的状态，就需要经常给它以新的刺激以促进肌肉不断增长。

8. 训练要求

不同的健身爱好者有着不同的训练要求。从健身目标来讲，分为维持健康、减脂减重、增肌塑形这几大类。

维持健康训练者：在时间和体能允许的情况下，尽可能每周健身 3~4 次，每次 40~50 分钟。

减脂训练者：每周 5~6 次，每次 40~60 分钟，以有氧运动为主，配合适量器械练习。

增肌训练者：周一至周五训练 3 次，中低强度，以器械训练为主，有氧训练为辅；周末训练两次，高强度，时间延长，除跑步热身外，完全投入到器械训练中去。应注意：肌肉恢复期为 48~72 小时，因此在肌肉没有完全恢复之前再继续锻炼同一块肌肉是没有效果的，相反会影响锻炼效果。组数、次数要求，大肌肉 3~4 组、6~10RM、3~4 个动作，小肌肉 2~3 组、8~12RM、2~3 个动作。大肌肉包括：胸肌、背阔肌、腹肌、腿部肌肉。训练初期要适当减轻重量、加大数量。

塑型训练者：健身频率和持续时间与一般健身者相同，但要注意训练安排的多样化，包括有氧运动、柔韧性训练、肌肉拉伸放松以及力量训练等不同项目。

每个人要根据自己的实际情况，结合训练水平和健身目标确定适合自己的锻炼频率。总之，健身是一项劳逸结合的事情，要学着做到张弛有度。

为什么肌肉停止生长、不再变大了？

不少健身者会有“急于求成”的心理而忽视了让肌肉休息的重要功效。同一个肌肉群，在两次训练之间需要保证充足休息，这点非常关键，因为大肌肉群通常需要 72 小时左右才能完全恢复到训练前的状态。但仍有很多健身者执着地认为“勤能补拙”而缩短两次训练的间隔，或者增加训练的频率。这其实适得其反，肌肉得不到充足的休息，将缺乏生长的动力，这个道理就如同连续熬夜的人想要保持旺盛的精力一样——不但不太可能，反而会加重疲劳的症状。

此外，不少训练者会忽视以下这些锻炼过程中的问题，导致自己无论如何努力都感觉不到自身肌肉的成长，陷入平台期、停滞不前，从而气馁。

1. 忽视变化的功效

如今市面上的各种健身 APP 和健身指南等多如牛毛，各种计划动作的指导也是让人眼花缭乱，但且慢，适合不适合自己，就如同穿鞋，只有经过一段时间的训练才清楚是不是合适。如果一直没有起色，那很可能是因为这套计划不适合自己当前的身体状态，抑或是自己完成训练的时候动作不规范。此时应当做的事情是结合自身的条件进行调整。当然，这并不是大家逃避难度较大练习的借口噢！

2. 忽视递增的功效

负荷量的提高不见得能够保证肌肉体积的增长，但没有逐渐增加负荷量，且不能保证足够的次数，一定不能保证肌肉体积的增长，递增负荷是充分必要条件。

3. 忽视大肌肉群的功效

多练胸、背、腰臀、腿部的大肌群，不仅能使身体强壮，还能够促进其他部位肌肉的生长。为了长胳膊，只练胳膊，反而会使二头肌的生长十分缓慢。硬拉、深蹲、卧推、推举、引体向上这 5 个复合动作为何称之为经典，现在就不难理解了。

4. 忽视目标的功效

“我做不了下蹲，练腿举行不行？”，“硬拉听着就太难，还是做下拉吧！”，这些话在健身房里是经常听到的，这也是大多数人练不出明显效果的原因。大肌肉的生长需要大肌肉群参与的多关节复合练习。硬拉、深蹲、卧推、肩上推杠铃、双杠臂屈伸，各种划船与引体向上构成了健身训练的基础。如果你想拥有出色的肌肉，就必须掌握它们而不是回避。给自己定的目标过低，必然练就不出来理想的肌肉线条，过高当然不行，但目标必须具备挑战性。

5. 忽视分心的危害

健身房里容易被俊男美女吸引是人之常情，被手上的手机、电子产品吸引注意力、走到镜子前就止不住地欣赏二头肌、马甲线也是常态，但这些分散精力的事最好有个限度，这里五分钟、那里十分钟，锻炼就变得不那么高效了。要知道，肌肉的工作是受神经支配的，注意力集中就能动员更多的肌纤维参加工作。练某一动作时，有意识地使意念和动作一致起来，才能达到更好的效果。

6. 忽视超量训练的危害

力量训练固然重要，但超出自己的承受范围，结局可能就是受伤而导致训练计划的中断，受伤之后的复健之路可是漫长又艰辛的。同时，一味地追求大负重，就极容易忽视动作的正确性，到位的动作才是正解。没有喊叫，没有猛拉与惯性，没有突然的撒手，这是安全训练的保证，也是循序渐进的关键。

如何破解增肌的平台期?

破解增肌的平台期，可以尝试去遵循三个“四字法则”。

第一，大重低次。研究表明，1~5RM 的负荷对于肌肉的力量和速度最有帮助；6~10RM 的负荷训练肌肉增粗效果最好，力量速度会有提高，但肌肉耐力增长不明显；10~15RM 的负荷训练，肌纤维增粗不明显，但力量、速度、耐力均有长进；30RM 的负荷训练，会使肌肉内毛细血管增多，耐久力提高，但力量、速度提高不明显。可见，6~10RM 的负荷重量适用于增大肌肉体积的健身训练。

第二，多组高密。什么时候想起来要锻炼了，就做上 2~3 组，没时间或者犯懒了，就停止，这其实是在浪费我们宝贵的时间，根本不能长肌肉。要想让肌肉增长，必须专门抽出至少 60 分钟的时间集中锻炼某个部位，每个动作做 4~6 组，才能充分刺激肌肉，一直做到肌肉可以承受的训练量饱和为止，“饱和度”要自我感受，其适度的标准是：酸、胀、发麻、坚实、饱满、扩张，以及肌肉外形上的明显的充血等。不过，世界上没有一套放之四海而皆准的训练计划，甚至每个动作对于每个人而言都有细微差别，关键在于每次训练时，自己要能感受到“肌肉刺激”。

“多组高密”中的“密”指的是两组之间的休息时间，只休息 1 分钟或更少时间称为高密度。要使肌肉块迅速增大，就要适当地少休息，频繁地刺激肌肉。“多组数”也是建立在“高密度”的基础上的。

第三，长移慢速。不管是划船、卧推、推举、弯举，要把重物放得尽量低，充分拉伸肌肉，但是一定要在保证动作标准的情况下进行。慢速度是必须要记牢的：慢慢地举起，再慢慢地放下。特别是在放下哑铃时，要控制好速度。很多人忽视了把重物放下来的过程，把哑铃、杠铃举起来就算完成了任务，很快地放下，浪费了刺激肌肉的好时机。

在训练时，保持精神高度集中也是确保训练效果的重要组成部分。

去感受肌肉持续的紧张感：在一组动作中，保持肌肉持续紧张，不论是动作的开头还是结尾，都不要让受力肌肉松弛，做到彻底力竭。在肌肉收缩最紧张的位置时，保持一下这种收缩最紧张的状态，然后再慢慢地回到动作的起始位置（顶峰收缩）。

在做动作时，我们要尽量做到“念动一致”，不仅用眼睛，还要用心去感受肌肉发力。举个例子来说，练站立二头弯举，就要低头用双眼注视自己的双臂，看肱二头肌在慢慢地收缩，看自己的动作是否正确。 完成训练后，也要注意伸展和放松，增加肌肉的血流量，帮助排除沉积在肌肉里的废物，加快肌肉的恢复。专注的意识是高效训练的不二法门。

另外，大家要记住在训练后至少休息 24 小时再进行同一肌群的训练为佳。对于普通健身者而言，局部肌肉训练一次后，休息 24 小时 ~48 小时再进行该局部肌肉的第二次训练是最好的。不过腹肌例外，腹肌不同于其他肌群，可以经常对其进行刺激。我们可以安排隔一天训练一次腹部核心肌群，每次约 8~15 分钟；选 4 个对你最有效的练习动作，每个动作做 20~25 次或者做到力竭为止，这 4 个动作进行一共 3 组的循环；每组的间隔时间要短，不能超过 1 分钟。

宁轻勿假是一个“不是秘籍的秘籍”。许多初学者一味地注重训练的重量，或者追求动作的次数，殊不知，肌肉的生长主要还是取决于所练的动作是否直接、准确地刺激到了所练部位。如果动作变形或不到位，要练的肌肉只是部分受力，甚至完全没有受力，训练效果就不大，甚至会出现偏差。事实上，在所有的法则中，动作的正确性永远是最为重要的。我们宁可用正确的动作举起比较轻的重量，也不要用不标准的动作举起更重的重量。不管大家健身的经验丰富与否，都不要与别人攀比：任何人都是从初级练起来的，而且每个人的身体素质、训练目的都不一样，比较负重多少、动作次数多少完全没有任何意义。因此，大家不要把“我这样会不会被老鸟嘲笑”的担忧放在心里。每一个人都能通过努力拥有属于自己的美好身材。

怎么判断自己是不是训练过量了?

目前，没有明确的定量标准来恒定一个人运动多少是运动过度了。首要的原因是：“过度运动”的定义对于每个人来说都不一样。这很好理解，例如，跑 5000 米对于有跑步习惯的人或者运动员而言并不算多，但是对刚刚开始运动才一两天的人而言，负担就很重了。虽然不能绝对地量化，但是我们还是可以通过自己的生理、心理反应判定是不是运动过度了。

1. 心跳

心跳数据对于锻炼者来说是十分重要的，它除了能够定义运动的强度之外，还能评估身体恢复得如何，以及体现出身体对于训练的适应程度——像是专业运动员，一般会通过每天的心跳记录，追踪出自己的训练状态和是否出现过度训练的情况。

要通过心跳判定是否运动过量，需要在早上刚睡醒时，用手指测量一分钟的脉搏，把它记录下来。

经过 3 周的记录之后，你将会拥有非常值得参考的心跳数据。用高强度训练之后的两天到三天的心跳对比之前的平均值，如果每分钟的心跳上升了 7 下或者更多，则代表身体还没有完全恢复。如果你发现心跳已经持续上升超过两周、甚至三周，那么可能就是过度训练了。

2. 其他过度训练的症状

通过心跳来判定过度训练是比较准确的方法。除此之外，过度训练后还会表现出以下症状：

- 运动表现下降，对训练缺乏兴趣并感觉疲倦
- 情绪起伏变大，易怒或者抑郁
- 饮食习惯改变，例如食欲下降、暴饮暴食、嗜吃甜食
- 有感冒、过敏、皮肤炎、青春痘大爆发等状况出现
- 睡眠质量下降，如失眠、做噩梦或者嗜睡
- 持续性受伤
- 肌肉持续酸痛或者肿胀，即使休息 3 天或以上都无法恢复
- 月经失调

如果以上症状出现 1 或 2 项，那么你只是身体因为训练而疲劳了，并不属于训练过度，这时候要下调训练的次数和运动强度。如果，以上症状出现了 3~5 项，你就已经进入过度训练的警戒区内了，应该好好休息，减少 40% 到 60% 的训练量，否则再训练下去会大大提升身体受伤害的风险。如果已经超过 5 项，那么你已经过度训练了，先好好休息吧！如此训练下去不但没有效果，身体上的病症更不会康复。

训练后肌肉不酸，是不是没有练到位呢？

有的锻炼者刚开始健身，会发现自己头几次练完后第二天就肌肉酸痛，但多练了几次以后就不痛了，就会以为自己并没有锻炼到位。但是在这里还是要先纠正一个误区：运动后第二天的肌肉酸痛，并不是我们通常所认为的乳酸堆积，因为乳酸早在运动后几小时之内就已经代谢完毕。这种症状的学名叫作“延迟性肌肉酸痛”（Delayed Onset Muscle Soreness），一般缩写为DOMS，是训练导致的肌肉纤维损伤引起的疼痛。肌肉要通过训练损伤才能恢复生长，并且在视觉上“变大”，所以这属于正常现象。

很多人觉得，训练之后一定要有酸痛才表示练到位了，但事实上，和出汗多少不能用于衡量运动效果一样，延迟性肌肉酸痛也不是训练效果的决定性衡量标准。的确，肌肉越酸痛表明训练刺激越大，但不酸痛也并不代表白练了，有可能是因为你的训练已经让身体形成了对于某个训练动作的习惯，酸痛感自然也会减轻。此外，假如你的训练中断了一段时间，再度恢复训练是肯定会有强烈酸痛感的。

所以说，延迟性的肌肉酸痛并不是坏事，但是也并不能完全代表训练到位了。总会有朋友觉得就是要酸爽才过瘾，那么就要记得时常变换训练方法和训练动作噢！

晚上训练结束后睡不着怎么办？

很多人因晚上运动而深受睡眠问题的困扰：睡眠不足、睡眠质量差、失眠等。睡眠问题会影响我们的情感控制，让人无法集中精神，不能保持高效率的工作和学习，并且这种状态还很容易恶性循环。

好的睡眠，对我们修复身体至关重要。在睡眠时，我们身体的消化和代谢并不会停止，只是相对于白天来说速率减缓了。身体仍需要大量营养素进行重要的生命活动，其中包括身体的修理和恢复——这也就是为什么很多人在晚上运动后补充蛋白粉或食物的原因，因为这时摄入的能量，是可以帮助夜间肌肉重组和生长的。

晚上运动的时间确实不宜离入睡时间太近。因为运动后，我们的机体处于兴奋状态，确实可能让人难以入睡。假如因为工作、生活时间安排的原因必须晚上运动，那么运动强度不易过大，结束后注意放松、拉伸，尽量使身体和情绪平静下来。运动过后如果感到饥饿，或者有增肌、修复肌肉的需求，那么用于营养补充的食物应该以蛋白质为主，搭配少量碳水化合物，如原味无糖酸奶、无糖燕麦片或者低脂低糖的全麦面包等食物进行搭配食用，注意量不宜多。

如果可以，我们要试着建立起规律的作息习惯，并制定一套符合作息时间的训练计划。当然，假如因为工作、学习等生活因素而没有条件安排固定的作息训练时间，就要从良好的生活习惯入手了。

为什么同一只脚总是习惯性崴脚，总是受伤?

“崴脚”其实是生活、运动中非常常见的一种伤病，发生在热爱运动的朋友们中可能更多。在很多人眼里，崴脚并不是什么大事，也就是休息几天，等到不疼了就又可以活蹦乱跳了。但是往往就是这不起眼的小伤，总会给我们留下莫名的隐患，崴了第一次，就总有第二次、第三次……

首先我们要了解，崴脚到底是怎么一回事。崴脚就是脚踝扭伤，通俗地讲，就是在外力作用下，踝关节超过了可以承受的最大活动范围，使得周围的肌肉、韧带出现了损伤。

这种损伤说大不大，说小也不小——因为，踝关节上承受着几乎全身的重量，有着非常重要的支撑、平衡作用。受过伤的踝关节没有完全恢复时，肌肉和韧带会显得比较迟钝、脆弱，就算不疼了，也会像刚刚缝补好的布一样，很容易再次撕破。

而所谓的“习惯性崴脚”正是因为如此：没有恢复好的踝关节，又被再次用到激烈的运动中去了，由于肌肉和韧带的牵拉力变弱，就会比上次更容易受到外力的影响，导致再次扭伤。如果每次脚踝受伤都没能得到足够重视，那么踝关节只会变得越来越脆弱，不堪一击。所以说，受伤后的正确处理和完全恢复非常重要。

脚踝力量太弱、没做好充足热身以及客观环境的不适合，是造成脚踝扭伤的几大重要因素，平时可以做一些提踵等训练强化脚踝力量，每次投入运动之前做好热身，把关节活动开，穿适合的鞋子在适合的场地上运动也非常关键。

如果不小心已经扭伤了踝关节，可以遵循“PRICE”法进行紧急处理。“PRICE”是以下这 5 个单词的缩写，指代在应急处理时应该采取的 5 种方法。

（1）固定保护（protection）

刚刚受伤时，一定要避免让关节再次用力。之后的恢复期可以选用弹力绷带固定；如果严重的话，则要及时就医，医生会采用石膏固定，保护受伤的关节。

（2）休息（rest）

减少活动，停止运动、训练，以免造成踝关节损伤加剧。

（3）冷敷（ice）

可将踝部浸入冷水中，或用冷毛巾敷于患处，也可用冰块等制冷物，在扭伤部位轻轻环形滑动，冷敷可以减轻伤者的疼痛感，降低受伤部位的血液循环和麻痹神经，能有效地起到消肿止痛的作用。冷敷每次 10~20 分钟，每隔 6 小时 1 次。

（4）加压包扎（compression）

用弹性绷带或布条对损伤部位进行加压包扎或用手直接加压。注意在加压包扎时绷带不能缠得太紧，要保证血液的畅通。加压包扎 24 小时后就可以拆除。

（5）抬高伤肢（elevation）

抬高伤肢，目的是使扭伤的踝关节高于心脏的水平位置，减少踝关节部位的血液流通，减少扭伤部位的淤血。

最重要的是，扭伤后，一定要给踝关节充足的恢复时间，不能急于一时，否则将来很可能会因为不断重复的伤病而离自己所爱的运动越来越远。

CHAPTER 4

人马君 FITSTART

第四章

抗阻塑形 雕琢体态

人鱼线 VS 马甲线

肚子松垮、凸出，做什么动作好呢？

首先，这个问题还是没能走出“局部瘦身”的误区。无论是所谓的“摇呼啦圈瘦肚子”还是卷腹，都不能在根本上起到瘦肚子的作用。实际上，并不存在真正的“瘦腰”运动，“瘦大腿”“瘦胳膊”也同样是无稽之谈，无论是腰上、大腿上、还是胳膊上的脂肪，必须要和全身其他部位的脂肪一起被减掉。有些人四肢很纤细，只有肚子凸出，这反而是体脂率较高的身材特征。假如你也有这样的困扰，那么现在更紧迫的任务并不是做卷腹练腹肌，而是开始进行有氧运动和无氧运动结合的减脂计划。

经常会有很多人因为羡慕明星、模特等秀出的马甲线，下定决心锻炼，先二话不说每天做上几十个卷腹，希望能达到完美效果。但是，马甲线的显露有两个要点：第一，体脂率要低；第二，腹肌有一定形状。而大部分人连第一点都很难做到，所以不管做多少个卷腹，对于马甲线的显露效果来说也是微乎其微的。呼啦圈也是如此，它的确锻炼腰腹部的功能，但强度低，达不到足够的减脂或增肌效果。

这个问题的重点是，不存在“哪胖就减哪”这个说法，许多运动只是锻炼局部肌肉，要想让肌肉线条显露，就要让体脂率降低——达到这一目的，就必须规律地安排有氧运动和无氧运动进行局部塑形。别想着简简单单就能拥有马甲线，脚踏实地才是正道。

练腹肌、练马甲线，就需要做仰卧起坐吗？

很多人以为造就腹肌或者马甲线的必经之路就是仰卧起坐。但这其实是个很大的误解。

首先大家要知道的是，肌肉形成“马甲线”的本质，是肌肉足够强大的结果——换而言之，想要有马甲线，你必须得有较为明显和强健的腹部肌肉，其次才是较低的体脂率，以将肌肉线条凸显出来。因此，练马甲线的本质不是“减肥”，而是增肌，同时减脂。

再有，在健身领域里，和“仰卧起坐”相似的那个动作叫作“卷腹”，但它和学生时代体育课上的“仰卧起坐”大有不同。“仰卧起坐”这个运动从姿势到动作要求都是不够精细的，仔细分析，我们甚至会发现，大多数人在做这个运动的时候都不一定在锻炼腹部，它只要求你在脚不翘起的前提下，能躺平后再抱头触膝，于是很多人会感到头颈酸痛、手臂酸痛，甚至大腿酸痛的情况，这都是因为错误的发力和借力导致的。实际上，很多情况下仰卧起坐并没有完全锻炼到你的腹肌，也不能体现你腹肌的力量。

那么，“卷腹”到底如何来做呢？

注意以下几个要点：

（1）手的位置交叉在胸前，为什么呢？就是要防止自己向手肘借力，从而发力错误，你也可以选择手放脑后，但是请别搭住脑袋，务必保持虚接触的状态。

（2）下去时请不要让脖颈和肩背部完全贴合地面，对初学者来说，这样非常容易向脖颈借力，导致脊椎和脖颈的酸痛和受伤。

（3）发力时，要用意念告诉自己，“我正在把自己的腹部卷起来”，要最大程度地感受自己腹部肌肉的收缩。

双手交叉卷腹如图4-1所示。

图 4-1 双手交叉卷腹

学会了上一个动作，可以进阶，适当摆脱对腿部的依赖，让腹部得到更大的刺激。

瑜珈球卷腹如图4-2所示。

图 4-2　瑜珈球卷腹

最后不得不补充的是，虽然想要获得马甲线需要我们锻炼腹肌，但腹部是大多数人最容易堆积脂肪的位置，所以如果想要让马甲线显露，除了增肌，还必须减脂。一般来说，女性体脂率要在20%左右，马甲线才能被看到。

为什么做腹肌训练时，脖子、颈椎会疼？

双手交叉置于脑后的仰卧起坐动作的确存在问题。不信，让我们还原一下学生时代仰卧起坐测验时的场景，如图4-3所示。

图4-3 错误卷腹

仰卧起坐的初始阶段做起来显得很轻松，动作频率也很快，但不一会儿，速度就会明显慢下来，整个动作显得非常吃力。于是，我们就会用抖动着的双臂竭力向前拉动头颈，使整个躯干前屈，以弥补腹肌力量的不足。

所谓仰卧起坐导致脖子疼，就是因为这样。缺少训练基础的普通人，腹肌力量并不强，也不懂得正确使用核心部位发力，做不起仰卧起坐时，基本上是全身发力只为完成动作，并不在乎力到底发在哪里。

此时，抱在脑后的双臂就会本能地拉动头颈部来借力，这样直接使颈椎和颈部的软组织承受了很强的屈曲应力，一旦应力超过颈椎或颈部软组织所能承受的限度，就会导致颈部劳损或细微的损伤，引起颈部疼痛。

这个问题要解决起来也非常简单，对动作做一个小改变就可以。原则只有一个，避免用双臂代替腰腹用力。尤其是腹肌力量较弱的新手，仰卧起坐就不能再采用从小到大学到的双臂后置的体位，而应将双臂向前平伸或虚扶在耳旁进行训练，一来可以降低动作难度，二来避免了对头颈部位的牵拉。

双手向前卷腹如图4-4所示。双手扶耳卷腹如图4-5所示。

图 4-4 双手向前卷腹

图 4-5 双手扶耳卷腹

相比于仰卧起坐，卷腹现在被普遍视作对腹肌针对性更强、效率更高的训练动作，并且也能比较好地避免借力等问题。

为什么做平板支撑的时候手臂酸痛，腹肌反而没什么感觉？

出现这种情况，一般是由两个因素导致：一是上肢力量弱、尤其是肩部力量太弱；二是平板支撑姿势不对，使得发力位置错误。

平板支撑是一个复合动作，它主要训练的是核心肌群的稳定性和平衡性，动作姿势要求颈、肩、背、臀、腿保持在同一条直线上，全身收紧，感受核心肌群发力。动作过程中，虽然手臂理论上是不发力的，但毕竟撑起着全身相当一部分的重量，如果上肢肌肉的力量太弱，自然会感到酸痛难忍，难以完成动作。

正确的平板支撑姿势如图4-6所示：

图 4-6　正确的平板支撑

而以下几种错误姿势可能导致手臂酸痛和核心训练效果减弱：

（1）大臂未与地面垂直，手臂斜方肌受力明显，如图4-7所示。

图 4-7 错误平板支撑 -1

（2）塌腰、翘屁股，核心肌群未发力，如图4-8所示。

图 4-8 错误平板支撑 -2

如果长时间以错误姿势训练，不仅达不到理想的训练效果，还很有可能受伤。大家在做平板支撑的时候一定要记得对着镜子纠正姿势，感受腹部和背部的收紧，时时提醒自己不要塌腰撅屁股，慢慢摸索。

核心收紧，怎样才是到位了？

1．“核心”到底指哪里呢？

国内外研究在整体上认为：核心是“腰椎一骨盆一髋关节”形成的一个整体，从横膈肌以下至盆底肌以上的区域，其形状类似于一个圆柱形的“汽缸”，如图4-9所示。

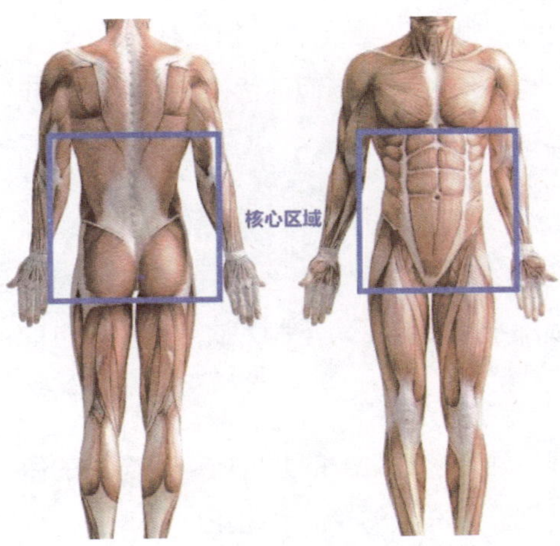

图 4-9 人体核心区域

2．为何我们不懂得收紧核心

（1）偷换概念，道听旁说：在日常训练中，很多时候不管是找教练还是资深肌友指导动作时，明明动作要点包含“核心收紧”，可是每句话表达的重点都是

“腹部收紧”，久而久之，你就会认为：原来“核心=腹部”呀，那我腹部收紧不就等于核心收紧了吗。

（2）核心区肌群和腹部肌群理解不透：核心肌群的确包含腹部肌群，但不完全等于腹部肌群，“核心等于腹部”是错误的概念。

3. 如何找到核心收紧的感觉呢?

（1）咳嗽式假笑法

吸气鼓肚子，呼气瘪肚子，保持肚子瘪的状态，把手摸在肚皮上，同时咳嗽一下或者假笑一下，那一下就是核心收紧的感觉。

（2）直线法

核心收紧和腹部收紧还有一个区别是身体是否呈直线，因为核心收紧会使得身体成为一个紧绷的“刚体”，所以不管做什么动作，核心区都不会任意弯曲——可以想象，无论我们的身体其他部位做任何动作，我们的核心区域都呈一条直线。

如果把核心区域比作 “汽缸”。那么“汽缸”的前壁就是腹部肌群，后壁是背部和臀部肌群，顶部是横膈肌作为盖板，底部是盆底肌群和环绕髋部的肌群作为缸底。

在肢体发力瞬间，通过核心肌群的共同收缩，圆柱的体积减小，腹内压随之骤然升高，“汽缸”就会像充气的轮胎，由里向外鼓胀，相反腹壁肌群自然由外向内收缩合抱，催发四肢协同运动，整个身体也呈向核心收缩的趋势。

如此一来，整个核心区就变成一个坚固的“刚体”，异常充实，撞之不开、晃之不散、浑然一体，使核心肌群所蓄积的能量顺利地从身体中心向运动的每一个环节传递。

因此，核心收紧对于个人的生活或训练的影响就简单明了：

- 改变人的体态，如含胸驼背等不良形态；
- 稳定脊柱和骨盆，保持正确的身体姿态和重心，减少腰背疼痛等情况的发生；
- 核心区域是承上启下的枢纽与桥梁，可以构建完整的运动链，减少训练中关节的负荷，达到预防损伤的目的；
- 强大的核心肌群能够使运动中的身体得到稳固的支持，从而减少四肢的应力，提高整体运动效率，降低不必要的能量消耗。

本书最后一章和之前章节中提供的卷腹、平板支撑等动作，已经可以很好地对于核心区域起到锻炼作用了。如果希望核心区域、腹部肌群得到更好的锻炼，那就坚持跟着二维码中的“腹肌8分钟”视频训练吧！

《腹肌八分钟》训练

如果你有一定的运动基础，有健身习惯，或者希望挑战一下自己，提高腹部、核心肌群力量，跟着下面两个视频，尝试一下更高阶的训练计划吧！

分区域腹肌训练　　腹肌进阶训练计划

屁股侧面有两个窝，是怎么回事呢？

这种情况并不是异常，而是由于臀部肌肉的结构造成的。

臀部两侧有一块没有肌肉覆盖的地方，由于为了给髋部的动作留出空间，这一块本来就没有肌肉。臀大肌发力一般是向内收紧的，这样一来更是给骨宽部周围挤出了更多空间，所以就有了看上去的两个窝了。如果臀大肌不用力的情况下这个窝也比较明显，说明你的臀大肌比较发达哟。

所以，各位不需要为这个问题而焦虑，有个窝的臀部也还挺美。那健身达人们的圆润翘臀都是如何练就的呢？

臀中肌和梨状肌覆盖了臀部上方和深处，相比于臀大肌，这两块肌肉是塑造臀部极致完美线条的关键。臀大肌的作用是让臀部饱满，而圆润挺翘则是由臀中肌和梨状肌负责，练臀的时候如果能够同步练到这两块肌肉，那就距离完美的臀部更进一步了。

臀中肌和梨状肌训练动作，可以从以下这个基础的负重训练开始：

宽距杠铃硬拉

宽距杠铃硬拉如图 4-10 所示。

图 4-10 宽距杠铃硬拉

要点: 脚尖向外打开约45度，站距大约在1.5倍肩宽，膝盖的朝向与脚尖始终一致。

吸气，将杠铃下降至小腿一半的位置，呼气拉起杠铃。注意杠铃从下往上的运动轨迹，尽量保持与地面垂直。

肥胖纹在瘦了之后能恢复吗?

“肥胖纹”更准确的名称是“橘皮组织”，是皮下结缔组织张力均匀度以及强度不足造成的。结缔组织是皮肤与内部肌肉、骨骼交界处的一种正常结构。据统计有90%的女性一生中会有短暂或者长期的橘皮组织困扰。

结缔组织与皮下脂肪的关系有些像网袋与水果，网袋的孔越小、越致密，相对来说，外表就愈平滑。无论脂肪是否形成团块，如果结缔组织非常致密、强韧，肉眼还是看不到橘皮组织的。只有真皮层与脂肪层间的结缔组织强度及厚度不均匀，才会导致脂肪层往外突起到真皮层的现象。当脂肪层不均匀地侵入真皮层后，就会形成一团团局限的脂肪团块。

而相较于女性，男性先天就有较为强韧的皮下结缔组织，所以比女性被橘皮组织困扰的可能性要低。

1. 什么人会有橘皮组织?

橘皮组织的存在和形成，与每个人体内的荷尔蒙、基因还有饮食等都有关联。

- 荷尔蒙：荷尔蒙是橘皮组织出现和发展的重要因素，此外雌性激素、胰岛素、肾上腺素、甲状腺激素和催乳素也都是影响橘皮组织出现的因素。
- 基因：基因导致的个人特质，比如新陈代谢缓慢和体循环功能不足，也会促进橘皮组织的发展。
- 饮食：有高脂高碳高盐饮食习惯的人，更容易出现橘皮组织。

- **生活习惯**：抽烟、不运动、久坐这些不良的生活习惯也是橘皮组织出现的诱因。
- **衣着**：长期穿着太紧的下装会阻碍血液循环，从而导致橘皮组织。

2. 橘皮组织可以根除吗？

一旦出现了橘皮组织，根除并不容易，只能通过使用含维生素 A 的身体乳、适度的按摩和医学美容手段在一定程度上缓解。因为难以根除，所以预防橘皮组织的出现就显得尤为重要了。

3. 如何预防橘皮组织？

答案其实就是本书的主题之一：运动减脂，不节食。节食会使皮肤丧失弹性，让橘皮组织有机可乘，这就是为什么许多通过节食减肥的女性都会出现“肥胖纹”的原因。而正确的健身方式，可以在某种程度上提高皮肤弹性。

加拿大一所大学的研究发现，出现早衰现象的小白鼠如果能持续地运动，它们的早期衰老迹象可以减缓甚至消失。而当小白鼠保持长期静止不动，它们会变得干瘦、虚脱、毛发变白或者脱落。因此，研究者推测，如果锻炼能使动物的外表不会因为时间而老化，那么它对人类皮肤可能产生一样的效果。

为了证实这种可能性，研究者征集了不同年龄、性别的志愿者进行研究并发现，有运动习惯的志愿者的皮肤明显比没有运动习惯的志愿者健康。而当没有运动习惯的志愿者坚持健身一段时间之后，皮肤健康状况也明显好转。

改善膳食习惯，吃得更健康。长期食用高油高盐和垃圾食品的人更容易受到橘皮组织的困扰。因此，健康饮食、多饮水也是预防橘皮组织的关键。同时，还要戒除过量的烟酒。

坚持身体按摩。按摩能够改善血液循环，还可以增加皮肤胶原纤维的强度与数量，使皮内与皮下结缔组织更为强韧，减轻橘皮现象。如果没有时间和条件找专业技师按摩，也可以在家自己操作。

除此之外，在洗澡时用丝瓜络海绵或者按摩刷刷一刷橘皮组织容易出现的部位也是很好的选择。这么做可以促进皮肤血液循环，刺激淋巴系统，使淋巴系统更好地排除细胞废物，同时去除身体角质，有助于软化皮肤下层的硬脂肪堆积，同时让脂肪分布更均匀。

女性如何通过锻炼丰胸？

首先让我们来看看乳房结构和丰胸的原理：

乳房主要由三部分组成：腺体组织（乳腺小叶和乳腺导管）、结缔组织和脂肪组织。另外还有血管、淋巴管和神经等。乳房依附在胸大肌上，胸大肌和乳房一起构成了胸部的高度。

既然丰胸手术说白了就是帮胸大肌把乳房撑起来，那么为什么我们不直接通过训练使得胸部变得丰满呢？而且，自己的肌肉总比人造硅胶要好多了吧！

要知道，女性通过安全的胸部力量训练，可以在自己胸部的脂肪下面练出一层薄薄的肌肉，它能托住你的胸部，改善你的胸型和胸部下垂，甚至可能让胸部看起来大一个罩杯哦！

一说到力量训练，可能很多女孩就开始犯难了，“我可不像练成金刚芭比”等言语一定会不绝于耳。

在这里负责任地告诉大家，由于缺少睾酮等激素分泌，绝大多数女性都不可能练成浑身肌肉的样子，所以，放心拥抱力量训练吧！

1. 热身

热身时间大概控制在 5~7 分钟，身体感觉稍稍有些发热即可，可选择跑步机上慢跑等形式。热身完毕后，对胸部进行简单的拉伸。

胸部拉伸

站立于墙的侧面，一只手掌抵住墙，腿蹬地，缓缓转动身体，使得大臂躯干角度改变，拉伸胸大肌，直至有拉伸酸痛感，如图 4-11 所示。

图 4-11 胸部拉伸动作

2. 正式训练

对新手而言，胸肌发力的感觉是比较难找的，动作的重点在两侧胸肌往中间的“夹”，而不在手臂向上的“伸”；上推重物的过程中，要时刻保持肩胛骨外旋——通俗地讲，这个“外旋”就是一个“夹背”的动作，视觉上，我们的胸部会因此而挺起。此时还要注意保持肩颈的放松，下背部悬空，腹部、腿部要绷紧。

以下的动作适合刚刚开始接触胸部训练动作的女性。注意选择合适自己的负重，每个动作做 5 组，每组做 15 次。

瑜伽球哑铃推举

躺在瑜伽球上，使得身体产生一定斜角。起始姿势时，哑铃在胸口上方，而不是头部或者肩部上方。吸气下落，吐气推起哑铃。非常重要的是，注意腹部肌肉的紧张，不要塌腰。

瑜珈球哑铃推举如图 4-12 所示。

图 4-12 瑜伽球哑铃推举

跪姿俯卧撑

手掌在胸部两侧，而不是肩部的正下方，避免斜方肌参与。吸气放低身体上半身，吐气推起回到起始位置，这个动作的示范在本书第 35 页有展示。

这个动作除了锻炼胸部肌肉，更能修饰手臂线条。很多女生会因手臂力量不够而无法完成这个动作，那么则可以从撑着沙发、桌子或者站立着推墙壁开始。手腕也可以摆成一个八字形，手肘朝内，防止下落过程中的手肘外翻。

瑜伽球哑铃飞鸟

躺在瑜伽球上，使得身体产生一定斜角。吸气向外打开手臂，呼气向内夹胸收回哑铃，如图 4-13 所示。注意肘部不弯曲。

图 4-13 瑜珈球哑铃飞鸟

哑铃前平举夹胸

身体保持正直，抬头挺胸，手腕向上、放松，吐气向上抬起哑铃，吸气下落回到起始位置（如图 4-14 所示），感受胸肌靠上的位置被拉伸、紧张的感觉。注意不宜使用太大的重量，否则手臂、肩膀容易借力。

图 4-14　哑铃前平举夹胸

完成训练后，可以进行简单的胸部拉伸。最简单的方法是借助墙壁轮流进行单侧拉伸。

女性如何改善副乳？

很多女性的腋下都有一块小小的肉，穿衣服的时候难免影响美观。有的人这块肉不明显，会在腋下挤出一个小小的 V 字形；有些人即使很瘦，腋下囤积的肉却十分突出。这块脂肪在穿抹胸款式的衣服时，视觉上会更明显。

这块肉很多人都直接把它称为“副乳”，英语里把它称作 Armpit Fat，即“腋下的脂肪”。那么这烦人的肉肉到底能不能去掉呢？

1. 副乳是如何形成的？

首先，我们需要知道副乳形成的原因。副乳分为两大类，先天性副乳和后天性副乳。先天性副乳又包括病理性副乳和腋突。

病理性副乳简单来说就是除了人类正常的一对乳房之外，还长出第三个、第四个乳房。出现这种情况的原因是人在胚胎长到差不多 9 毫米的时期，从腋窝到腹股沟乳线上有 6~8 对乳腺的始基，除胸前乳腺发育保留外，其他会退化消失。但部分人的乳腺没有退化或退化不完全，就会形成副乳。假如是这类的副乳，那么则需要就医改善，通常要把这部分多余的乳腺通过手术切除。

而腋突则是乳腺的一部分长到腋窝里了，也就是我们通常说的“副乳”的位置。因为这种类型的副乳存在于乳腺组织，所以有一部分女性在月经期、妊娠期和哺乳期可能会感觉到肿胀、疼痛。这种类型的副乳到底应不应该治疗，医学上还存在争议，有人认为这是身体正常的一部分，也有人认为应该就医治疗。如果你感觉不舒服，建议还是应该找医生检查一下。

后天生成的副乳则可能是因为穿衣不当、体重超标、激素变化、淋巴循环不畅等原因所造成的乳房组织轻度移位或脂肪堆积。比如：运动内衣选得太紧，导致乳房的一部分脂肪被迫“离家出走”了，虽然视觉上形成了副乳，但这其实只是赘肉。如果分不清自己是腋突还是副乳怎么办？最可靠、最准确的方法就是去医院拍 B 超，看看腋下是否存在乳腺组织。

2. 消灭副乳

除了病理性副乳之外，腋突和后天性副乳，特别是后天性副乳都是能通过自己的努力减小甚至完全消失的。很多人都知道穿对文胸可以改善副乳，但是你所不知道的是，其实运动对改善副乳也有超群的效果。

（1）有氧运动

上面说了，有时候我们以为的副乳其实只是赘肉。体脂比较高的话，上半身的脂肪堆积较多，腋下也会聚集过多的脂肪，就形成了副乳的既视感。因此体脂高的女性还是应该多做些有氧运动，并配合健康饮食减脂。

（2）无氧塑形

对于体脂率较高的女性，通过全身的减脂，就可以很好地改善副乳的情况。另外，做一些塑形运动来紧实胸大肌，依靠手臂肌肉群的收缩，也能改善副乳。在上一个问题中，我们已经对于胸部的塑形做了比较详细的介绍——像是瑜伽球哑铃飞鸟、杠铃卧推等。

下面的动作可以在加强手臂肌肉线条感的同时锻炼核心腹部肌肉的力量。

俯卧撑横向移动

俯卧撑起始姿势，身体保持一条直线，右手向右移动，同时右脚向右边移动，保持身体直线不改变。左手和左脚同时向右移动，回到高位、直臂的俯卧撑起始姿势。

平板支撑横向移动如图 4-15 所示。注意，全程要收紧核心腹部肌肉，并做到不塌腰。

图 4-15　平板支撑横向移动

关注副乳其实不止是为了能美美地上街，更是对乳房健康的注重。近几年很多研究证实，运动可以显著减少乳腺癌的发病风险。日常生活中，女性还要注意穿着适合自己的内衣，避免过度挤压胸部，同时定期到医院检查。

骨盆前倾有什么危害？如何改善呢？

1. 骨盆前倾是什么意思？

骨盆前倾是骨盆向前病态地偏移，造成腰椎不正常的生理前凸。具体表现为较正确的骨盆位置向前倾斜一定的角度。

2. 如何观察自己是否有骨盆前倾的可能性？

首先，可以观察一下自己平时的站姿，对比以下这些问题：

- 靠墙站立的时候，腰和墙壁之间还能容纳下一个大拳头。
- 大腿前侧和小腿后侧就是喜欢傲娇地往正前方挺出去。
- 平时双手一叉腰站着就可以有翘臀。
- 各种身体指标都算标准的，可是小腹还是会凸出得很明显。

上述表征有一或二，基本可判断为有骨盆前倾的可能。

3. 为什么谈骨盆前倾色变？

长期骨盆前倾会造成以下症状：

- 小腹凸起、臀部横向发展并下垂，严重破坏身材曲线，严重的甚至会导致内脏下垂。
- 使得脊椎弯曲、压迫神经，使肌肉、关节和脏器发生功能障碍，从而引起肩颈酸痛、腰酸背痛。
- 下半身血液循环和新陈代谢变差，导致体寒、便秘、痛经，还可能引发多种妇科疾病。

- 使各部位的活动受到限制，进而引起肌肉衰退。
- 影响女性盆腔内的脏器及生殖器官。骨盆的倾斜使其中的子宫、卵巢和肠胃等器官本来的形态受到扭曲，以致体液流动的机能受到阻碍，甚至部分地失去作用。

4. 如何进行骨盆位置自测?

- 屁股坐于一张比较高的桌子边缘，平躺，让腿自然垂放，抱住一条腿充分屈髋屈膝，让大腿尽可能地贴住身体，观察另一侧大腿能否放平。
- 平躺于床上，看看腰部是否悬空？腰部距离床面中间是不是可置入如鸡蛋大小般的空间。
- 仰面向上躺在床上，放松下肢，看看左右脚踝倾斜的角度是否一致。
- 从侧面看腰部及臀部的曲线弧度是否过大（侧面看起来臀部特别翘，腰部后面弯曲度特别大）。
- 靠墙站立，将臀部和背部贴在墙上，然后将手掌握成拳状塞入腰椎和墙壁间的空隙观察空隙是否大于一个拳头。
- 拉起上衣，看看自己穿着的裤子腰部的边缘，裤腰有没有和地面平行、是否有倾斜的角度。

以上自测如果满足两条以上，那基本上则可确认为骨盆前倾患者。

5. 骨盆前倾的成因

- 腹肌相对于腿部的肌肉，过于薄弱。
- 不正确的站、坐、行动姿势，女性如果常常穿高跟鞋也有可能导致骨盆前倾。
- 过多地训练硬拉、深蹲等下肢练习，而忽略腹部的练习和拉伸。

6. 如何缓解骨盆前倾

首先要有正确的姿态：站立时身体的重心应该放在脚跟前部（也就是足弓和脚跟交界的那个位置），而坐立、跪立时应把重心放在坐骨的中心点，并时不时地留意自己是否塌腰。无论站姿、坐姿、跪姿，腰部都不是向前推的，而是应该向上提，一旦发现自己把腰椎向前推了，就要调整，将腰椎提向胸部的方向；留意自己是否能够习惯性地把腹部收紧。

强化腹部的肌肉，尤其是腹直肌、腹外斜肌，同时加强臀部的臀大肌和大腿后部的腘绳肌群。

此处，放松拉伸和训练同样重要：

股四头拉伸 + 髂腰肌拉伸 + 竖脊肌拉伸。每个动作 3 组，每次保持 10~20 秒。

拉伸股四头肌

注意小腿与地面垂直，后腿延伸到有拉伸感为止。

拉伸股四头肌的动作如图 4-16 所示。

图 4-16 拉伸股四头肌

拉伸髂腰肌

髂腰肌位于身体肌肉深层，不容易被拉伸到。这个动作量力而行，如果够不到脚掌，可以利用毛巾或者一条弹力带勾住脚背。

拉伸髂腰肌的动作如图 4-17 所示。

图 4-17 拉伸髂腰肌

猫弓背式拉伸竖脊肌

主动收紧核心腹部肌肉，弓背，起到拉伸竖脊肌的作用。

猫弓背拉伸竖脊肌的动作如图 4-18 所示。

图 4-18 猫弓背拉伸竖脊肌

拉伸放松只是起到了暂时性的缓解作用，假如因为骨盆前倾而导致严重的腰痛等症状，那么最稳妥的方式是咨询专业的医生，而不是继续忍痛锻炼。

除了骨盆前倾之外，骨盆不正还包括骨盆后倾和骨盆高低不平。

- 骨盆后倾：与骨盆前倾相反，指的是骨盆向后病态地偏移，最常见的症状是弯腰驼背，小腹堆积，臀部塌陷。这种姿势会导致重心向前，膝关节承重变大，最终导致受伤机率增加。
- 骨盆高低不平：指的是骨盆左右高低不一致。之所以会左右高低不平，是因为有一边的髂骨往后、往下移位，而另一边的髂骨往前、往上移位，从而形成骨盆左右高低差的现象。长期骨盆高低不平，不仅会导致腰痛、高低臀、高低肩，甚至连脸型都会变得不对称。

俗话说“站有站相，坐有坐相”一点都没错。除了遗传因素之外，长期不良的坐姿（比如翘二郎腿）和站姿（经常将重心靠一侧站立）是导致骨盆倾斜的主要原因。特别是对于上班族来说，大部分时间都是坐着的，所以平日里正常的体态对骨盆的矫正至关重要。

坐着的时候身体的重心要放在坐骨上，保持腰背挺直，肩膀放松，小腿垂直于地面，如图 4-19 所示。

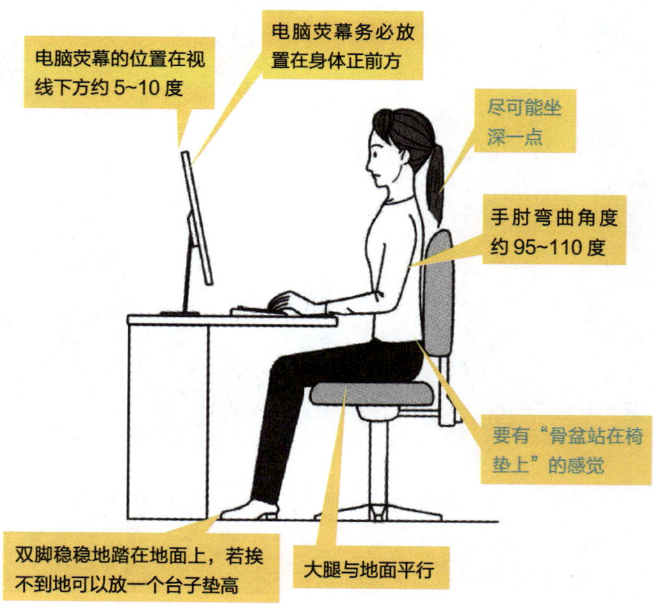

图 4-19 正确的坐姿

站立的时候则要注意重心不能左右或者前后偏移，要保持身体的中立位，如图 4–20 所示。平时在家可以对着全身镜，看看是否有倾斜的情况出现。

图 4–20　正确的站姿

图 4–21　错误的站姿

完美的“八块腹肌”，为什么我少两块？

这很可能并不是因为你练错了或者练习太少的缘故，而是本来就只有六块腹肌。腹肌的块数和形状到底是由什么决定的？答案就是——腱划。

腹部剖视图如图 4-22 所示。

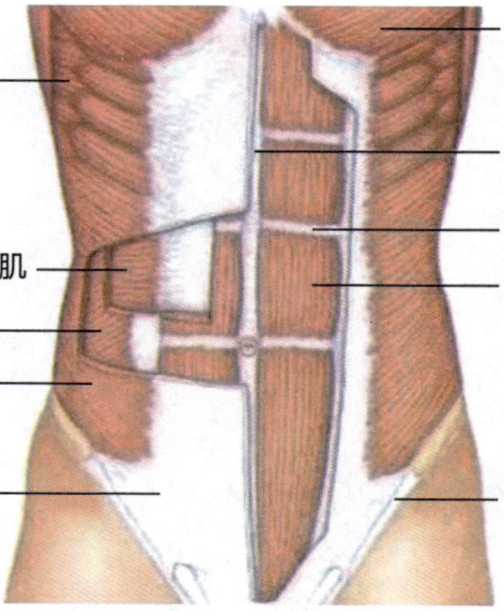

图 4-22 腹肌剖视图

从图 4-23 中我们可以看到，腹肌其实是一整块肌肉即腹直肌，是腱划把它分割开来。腱划也是肌肉的结构之一，它的作用主要是增加肌肉张力，也能防止肌肉撕裂。但是腱划也不是按着铁定的规律出现的，有可能一边有 3 道一边有 4 道，也有可能两边都只有 3 道，这完全是由基因决定的。所以就出现了不对称的 7 块腹肌，以及只有 6 块的腹肌。

如果觉得自己的腹肌和杂志上模特标准的8块巧克力腹肌不一样，也不用沮丧，这是天生独特的身体特质，跟单、双眼皮一个道理。

游泳比跑步更能造就好身材吗?

肯定有人要质疑，都说游泳减肥，那游泳比赛里的女选手她们天天游泳，为何还无法练成细腰翘臀时魔鬼身材?

专业运动员的确运动量要大太多了，那为何不见效呢？其实这里有个误区。问题的关键就是这个“效”字。作为普通的运动健身爱好者，运动健身的目的，是享受运动的乐趣，是想拥有健康的身体和美丽的身形，但是专业的竞技体育运动员是将运动作为自己的事业，是全身心的付出，他们追求的是不断地挑战和超越自己的成绩，追求的是更强的耐力和肌肉爆发力，顾不上在意肌肉的外形是否美观。

像傅园慧，她的主项是仰泳，仰泳的主要推进力就是手臂的划水动作，如果上半身（背肩袖）的力量不够，结果可想而知，可以想见她一定有许多增强上身肌肉力量的针对性训练，并且这种训练的强度不小，这样的训练加上每天大量的仰泳动作，上半身肌肉体积增大几乎是必然的。

对于普通健身爱好者来说，运动量和运动目的迥然不同，你不会拥有专业运动员一样的上半身肌肉，游泳依然是“减脂利器”，依然可以帮助你活动全身的关节和肌肉，使你拥有更紧致、美观的体形。

腿粗该怎么办？

1. 观念为先

首先，我们要建立健康的审美观，拒绝竹竿腿。很多女性在追求着竹竿腿的效果，想要降低腿部的围度，而不在乎腿部是否紧实、饱满、有弧度，其实这在某种程度上是错误的——任何训练翘臀的动作都会不可避免地用到腿部，尤其是大腿根部；反过来说，也只有紧实饱满的大腿才撑得起蜜桃般的翘臀，它们本身就是一体的。

其次，我们需要明确，腿是“粗”还是“不粗”，其实在很大程度上是由基因决定的，并不是说训练腿部就可以起到让腿变细的目的——这种“指哪打哪”的观点是错误的。每个人容易囤积脂肪的部位不同，有的人是腰腹，有的人是肩背，有的人是四肢，有的人就是腿部，如此而已，并不需要为此而感到自卑。

2. 腿粗如何改善

假如用手捏起大腿皮非常困难，肌肉紧实、有线条感、灯光下也很难看到橘皮组织，笔直站立时能感到凸起的股四头肌（大腿前侧）和股二头肌（大腿后侧）的分界线。这就说明你的腿部脂肪堆积较少，肌肉较为发达。腿部肌肉群是人体最大的肌群，一旦全身性运动起来，消耗热量最大的就是我们的腿部肌肉。如果腿部没有一定的肌肉含量，那么人体的代谢率和运动消耗热量也会下降。所以，腿部有适量的肌肉，其实是好的！

用手捏起大腿皮，如果非常轻松，感到厚实、松软、垂垮，即使不用手挤压，仍能看到明显的橘皮组织，这就是脂肪堆积的状况。解决方法也很简单——全身减脂，换句话说，运用无氧训练结合有氧运动的方式进行训练。脂肪是同步增长的，也是同步消减的，想要腿变得细一点、脂肪少一点，就要进行全身减脂。

很多女孩所担心的“肌肉腿”，一般都不是真正的肌肉腿，而是肌肉密度还不够大，肌肉还不够紧实饱满，大量的脂肪占据了一定体积而已。

通过减脂、按摩和适度拉伸可以减小小腿围度，并且在一定程度上改变小腿的视觉效果，使得小腿看起来瘦一点、修长一点。但是要想很大程度上改变整体小腿腿型却很难做到。既然小腿腿型难以改变，我们可以另辟蹊径，改变总体视觉。那么可以从以下四个方面入手：

第一，在力量训练时，使用小重量，结合多次数的方法。

无论选择什么动作进行腿部的训练，建议选择可以一次性做 20~30 个的重量进行训练，每个动作至少做 5 组。这样的训练方式，可以在锻炼肌肉耐力的同时，让肌肉纤维得到拉伸，视觉上肌肉也会更加紧实。

第二，塑造臀部、背部和腰部线条。

既然训练无法改善腿的粗细，那么练出“蜜桃臀”、挺拔的背部以及纤细有力的腰腹部，会使得身体在视觉比例上更加美观。

第三，增加身体柔韧性，改善肌肉线条。

运动结束后，要注意积极拉伸、放松腿部肌肉。若是爱好瑜伽或者普拉提，那也很好。这两个运动方式都可以帮助拉长肌肉线条、美观体态，增加柔韧性。但不建议将它们作为唯一的运动方式，因为它们减脂、增肌的效果比较弱，更适合搭配力量训练或者有氧运动进行。

第四，强化大腿（股四头肌、股二头肌），让腿部看起来更匀称。

看看专业的比基尼小姐比赛选手的小腿，就会发现，其实她们的小腿也不细，并且肌肉满满，但我们从整体上看，并不觉得她们的小腿很粗，这是因为她们比例得当的原因。看上去小腿粗的人，大多是因为“小腿粗过大腿”的观感。

所以，如果你小腿脂肪不多，围度也不大，但是看起来还是粗的话，可以强化股四头肌，让腿看起来更匀称。

股四头肌剖视图如图 4-23 所示。

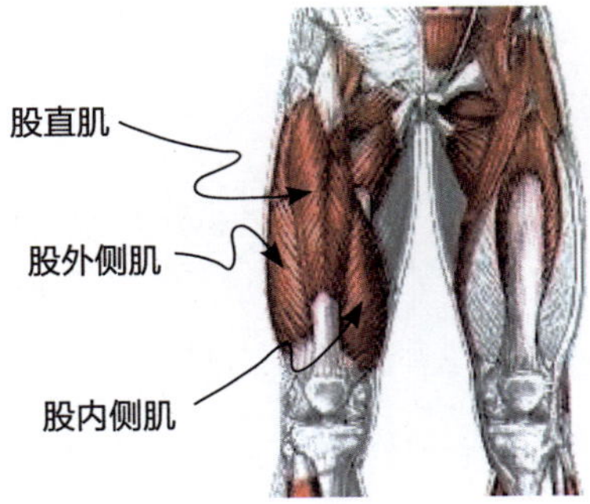

图 4-23 股四头肌

肯定有人要质疑，大腿前侧肌肉发达，岂不是很丑吗？其实这种情况是大腿前后肌肉不平衡导致的，一般多表现为大腿前面看着粗，大腿后面和臀部则平平没有线条。

当大腿前后肌肉平衡的时候，腿只会看起来更匀称。除了美腿之外，锻炼股四头肌还能保护膝盖好好锻炼股四头肌，能帮助膝关节的活动趋于稳定，减轻膝盖负担。

3. “腿粗”可能是因为浮肿

“腿粗”最典型的标志就是晚上睡前和早上起床时腿围有明显变化。因为水肿一般都是堆积在下身，腿部尤为厉害——其实我们自己平时也都有体会，比如长时间坐飞机、坐火车之后，脚的大小会改变。

容易浮肿的人要特别注意改善饮食，主食建议食用薏仁、燕麦、红豆这些杂粮，部分代替大米饭、面条、馒头、白面包等这类精加工食物。此外，含大量钠元素的食物——也就是盐分较高的饮食习惯要改变，戒除烧烤、川菜、薯片、辣条、盐焗坚果等重口味食物、尽量避免咸味酱料和腌制菜，如咸菜、火腿、腊肠、咸鱼等高钠食品。

如果每天都在嫌弃自己腿粗，那么首先需要端正自己的观念——接受自己的不完美，同时停止抱怨，马上行动起来！

看起来身上有肌肉，为什么肌肉力量却不大呢?

这个问题，很可能出在你的平衡能力上。

1. 什么是平衡能力

平衡能力是指神经系统和肌肉配合而保持身体平衡的能力。人的任何运动可以说几乎都是在维持身体平衡的状态下进行的，尤其是大肌群的活动，更需要有较好的平衡能力才能胜任。

平衡能力主要有静态平衡和动态平衡。静态平衡，指人体在无外力作用下保持某一静态姿势，例如坐姿或站姿能保持稳定的状态。动态平衡包括自动态平衡和他动态平衡两个方面；自动态平衡，指人体进行自主运动时保持稳定的能力；他动态平衡，指人体受到外界干扰，如推、拉等动作作用下恢复稳定的能力。

我们平时单独做有氧运动、力量训练时，自动态平衡影响多，而在篮球、足球等竞技运动中，就需要较强的他动态平衡能力。

很多人都知道减肥要有氧运动加无氧运动效果才更好，塑形增肌则要进行力量训练，还要制定了详细的训练计划，依次锻炼身体的不同部位。但是，很少会有人在自己的计划里做上平衡性训练这一项。

平衡性很大一部分来自于核心的稳定。核心，即指核心肌群，指的是位于腹部前后环绕着身躯、负责保护脊椎稳定的重要肌肉群，腹横肌、骨盆肌群以及下背肌都属于核心肌群。

核心力量在体适能训练和日常生活中都扮演着十分重要的角色。无论是进行何种运动，篮球、羽毛球、滑板、溜冰、自重训练中的一些全身性动作，还是生活中的搬运重物，都要求稳健的核心力量来控制身体的平衡。

为什么新手经常硬拉和深蹲伤腰、伤膝盖？为什么跑跳的时候容易崴脚？为什么训练一段时间后重量加不上去还会觉得身体不舒服？

核心不稳、平衡性不够是造成这些问题的重要原因。人体发力的主要部位在下肢，尤其在上下肢协调的动作中，力量的产生由下肢的蹬伸来实现，通过核心部位传导到全身，同时也需要核心的力量来保持身体稳定和平衡。核心力量弱，身体无法保持平衡，可想而知力量便会大打折扣。

再进一步看，核心不稳也会造成你的“平台期”来得比别人快。训练很快进入停滞不前的状态，一不小心还容易受伤。所以，是时候开始重视你的平衡性训练了。

2. 平衡性测试

在制定自己的训练计划之前，你需要先了解一下自己的身体平衡状况，平衡性测试是必不可少的一环。如若自身平衡性较差，则需要在训练中增加全面的平衡能力训练和核心功能训练。下面就是一个最简单的测试身体平衡性的动作。

闭目直立试验：

- 光脚站在瑜伽垫上，右脚指顶住左脚后跟，两个脚掌呈一条直线；
- 双臂交叠于胸前，双手交叉放在肩膀上；
- 保持稳定后闭上双眼，开启秒表计时；
- 时间超过 60 秒、睁开眼或身体大幅度晃动失去平衡时停止计时。

平板支撑

平板支撑的动作如图 4-24 所示。

图 4-24 平板支撑

单腿硬拉

单腿硬拉的动作如图 4-25 所示。

图 4-25 单腿硬拉

辅助单腿深蹲

辅助单腿深蹲的动作如图 4-26 所示。

图 4-26 单腿深蹲

如果测试结果小于60秒，表明你的平衡能力不及格，那么在一开始制定训练计划的时候，就应该把平衡性训练这一项加进去，有意识地训练平衡性和核心力量。推荐在训练计划中加入以下几个动作，经常训练能有效提高平衡性。

3. 如何提高平衡能力

平衡性的训练可以遵从两个原则：一是将支撑身体的面积由大变小；二是由静态平衡到动态平衡。单脚站立就是将支撑面缩小的一种方式，而由站立变成单脚深蹲，则是由静态平衡转为动态平衡。抓住这两个原则，你就会发现，其实有很多你熟知的动作都能通过改变，起到锻炼平衡性的作用。

当你的训练效果不佳、面临增肌平台期的困境时；或者看起来肌肉线条不错，但肌肉力量却不够强时；做动作时的身体协调性或稳定性不佳时；再或者是训练中特别容易受伤，甚至搬个东西也能把腰扭了时，如果你在训练或生活中经常遇到这些问题的时候，很可能是由于你忽视了平衡性训练造成的。

CHAPTER 5

人马君 FITSTART

第五章

三分练、七分吃——饮食的重要性

怎样吃有助于增肌？

1. 睡前加餐有助于增肌吗？

许多初级增肌爱好者，尤其是体形比较瘦弱的增肌者，为了使自己的肌肉迅速长起来，喜欢在睡前加餐。但一段时间之后就会发现，自己肌肉的围度没有变化，肚子上的赘肉伴随着腰围却日渐增长，这让他们很苦恼，也很困惑。原因很简单，睡前吃得比较多，睡觉时机体的代谢又减慢，热量消耗不掉，自然就会转化成脂肪囤积起来。

那什么时间适宜加餐呢？建议在每次锻炼前的30分钟进行饮食补充，以保证锻炼过程中的能量供应；同时最好能够抓住锻炼结束后30分钟内这段营养补充的“黄金时期”，这段时间是肌肉合成最旺盛的时期，补充一两个鸡蛋白或一勺蛋白粉，有助于受伤肌肉和组织的修复重建并可减轻肌肉酸痛等症状。

2. 想长肌肉就得多吃肉吗？

肌肉的生长需要摄入充足的营养，所以很多人会有这样的错误观点——“多吃肉长肌肉”。诚然，蛋白质是肌肉增长的原料，为了满足大幅度的肌肉生长，蛋白质的摄取量最高可达到每人每天每公斤体重摄入1.5～2克蛋白质，但这些蛋白质，如果单靠吃肉来获取，随之而来的“副作用”可能会是过量脂肪的摄入，导终肌肉没长，倒是长了一身肥肉。

所以我们要选择恰当的食物来补充蛋白质，一方面，日常饮食中要选择脂肪含量低的肉类食物，如去皮的鸡胸肉、瘦牛肉、鱼虾海鲜等肉类，同时鸡蛋白也是不错的选择；另一方面，经济条件允许的话可以服用一些蛋白质补剂。

3. 蛋白质补得越多越好吗?

“既然蛋白质是增肌的重要原料，那么吃得越多越有利于增肌”。这真是一个美丽的错误。增肌者的蛋白质需要量确实要比普通人多，但对于一般增肌者来说每天每公斤体重1.5~2.0克的蛋白质摄入量就足够了，多余的蛋白质并不能被人体利用。相反，过量的蛋白质从医学角度上讲是有害的，会加重人体肝肾的负担，引起肝肾功能异常；此外，大量蛋白质在代谢的过程中还会产生许多有毒废物，造成脱水和体液酸化，使疲劳提早发生，削弱训练效果。对普通增肌者而言，一天摄入的蛋白质食品热量最好不要超过总卡路里摄入的35%。

4. 想取得好的增肌效果该怎么吃?

（1）摄入足量优质蛋白

建议摄入足量的肉类、鱼类、豆制品等富含蛋白质的食材。它们既不会让你脂肪堆积， 又能给你足够的能量，让人保持良好的精神状态。更重要的是，人体在消化蛋白质时， 还会消耗额外的热量。

（2）控制糖（碳水化合物）的摄入

糖类，也就是碳水化合物，主要来自于米饭、面、面包等谷类、薯类、根茎类食物以及食糖、麦芽糖、 果糖等糖类食物。在增肌期间，需要严格控制糖类的摄入，尤其是白米饭、面条、白面包等精制糖类的摄入，可以食用糙米饭、燕麦、全麦面包、 紫薯、玉米等粗粮作为替代。

（3）控制脂肪的摄入

与蛋白质、碳水化合物相比，脂肪的热量最高。我们建议在减脂塑形期间确保低脂摄入，避免食用油炸食物，并以摄入不饱和脂肪为主，戒除饱和脂肪和反式脂肪，也就是说我们应该选择以橄榄油为代表的植物油，杜绝人造奶油、人造黄油等反式脂肪。

（4）增加纤维素、维生素等的摄入

在遵守“高蛋白、低糖低脂”饮食法则的同时，我们需要通过多食用蔬菜、水果保证维生素、纤维素的摄入，以保持身体机能。

（5）晚上不摄入糖

由于人体晚上很难消耗掉摄入的糖类，糖类容易堆积在体内转化为脂肪。减脂期，建议在晚7点以后不摄入任何糖类，尤其临睡前3小时以内不可以贪吃夜宵。 晚上选择摄入足量的蛋白质及蔬菜即可，应做到颜色多、种类多。

（6）摄入充足水分

水是唯一不含热量的食物，可以随意摄入。水是身体的重要组成部分，并具有调节生理功能的作用。在减脂塑形期间，我们需要足量水分帮助我们身体代谢和消化。 一般而言，每20公斤体重每天需要摄入1 升水。一个体重为60公斤的人，每天大约需要摄入3升水。

水分摄入量计算公式：目前的体重（kg）÷20 = 饮水量（L）

为什么减脂、增肌要禁酒?

为什么酒精会影响健身效果？说到酒精会影响减脂，估计很多人会持不同观点。很多人都有喝了酒的第二天上称一称发现自己体重减轻了的经历。这难道不是说明酒精会帮助减脂吗?其实大家都被酒精骗了。酒精是非常利尿的饮料，会使人体在短时间内流失很多水分，这就造成了体重减轻的错觉——然而实际减少的体重都是水分。 酒精的热量有多高？每一克纯酒精，也就是乙醇的热量是7.1千卡，只比每克脂肪的热量少2千卡（ 1克碳水化合物的热量为4千卡，1克蛋白质的热量为4千卡）。除了酒精本身的高热量，大多数鸡尾酒还含有大量的糖分，而葡萄酒和啤酒都含有大量的碳水化合物。以一杯150毫升的葡萄酒计算，它的热量是110千卡，其中91千卡来自酒精，另外的19千卡则来自葡萄酒中的糖类。三四杯酒下肚后，积累的卡路里相当于一顿大餐的热量。再加上通常饮酒时都会特别钟情于高卡路里的零食佐餐，例如坚果、披萨、鸡翅和玉米脆饼，这就更容易造成脂肪堆积了。

更重要的是，酒精是“空白热量”，这意味着它既高热量，又对我们的身体没有任何营养上的贡献，更别提在健身期的帮助了。同时，酒精及其代谢产物在人体内又是不能贮存的，所以当酒精进入我们的身体，体内的消化系统就会暂停对其他物质的消化，将“尽快摆脱它”作为首要任务。这时候我们的新陈代谢就都在忙着代谢酒精，导致我们的身体没有时间去吸收其他食物中的营养，从而导致原本可以从食物中获取的蛋白质、维生素等增肌减脂的宝贵营养物质被浪费了。

1. 酒精会令人丧失自控力

微醺之后，我们往往会忘记自己已经喝了多少，只求开心。于是会越喝越多越开怀，东西也会越吃越多，加单一次又一次。热量？微醺的人才不在乎！

酒精本就有刺激胃口的作用，要不开胃酒怎么“开胃”？除了让我们越喝越想喝之外，酒精还会使我们更想吃高脂肪和高热量的食物，所以下酒菜即便是传统类别的瓜子、花生、卤味，又或是酒吧必备的薯片、烤串、汉堡，都是些高热量并且重口味的食物。科学家曾经做了一个实验，让12位实验对象在午饭前喝含32克酒精的饮品，午饭中，他们自主摄入的高盐分和高脂肪食物相比他们喝无酒精饮料的时候多得多。

2. 酒精会降低睾酮分泌

不管是男性还是女性，睾酮对于增肌和减脂都有很重要的影响。是的，女性也会分泌睾酮的，只是量很少，大约是男性的10%左右。饮酒时，肝脏内会产生一种有毒物质，影响了睾酮的释放。这种物质降低了人体内睾丸激素的浓度，也就阻碍了脂肪的燃烧和肌肉的形成，造成肌肉量生长的不够理想。肌肉不能形成，也就意味着基础代谢下降，脂肪的燃烧效率也会跟着下降，如此就形成了恶性循环。

3. 非要喝酒怎么办?

无法抵挡酒精的诱惑？ 为了工作应酬必须得喝？这时如果想降低酒精对健身的影响，你可以这么做：

（1）喝酒前先进点小食，避免饥肠辘辘

大家应该都知道不要空腹饮酒这个道理。空腹喝酒会导致酒精迅速进入血液，从而导致胃痛、酒醉等问题。饮酒前吃一些优质蛋白质、纤维和健康脂肪，会减缓酒精进入血液的速度。提前进食也会有饱腹感，预防一杯酒下肚后就无法控制、暴饮暴食的状况。

（2）选择相对更“健康”的酒

首先，要控制住喝酒的量，浅尝即止。其次，选择相对更“健康”的酒。总的来说，在烈酒范围内，低酒精浓度的朗姆酒热量更低；在葡萄酒范围内，白葡萄酒和香槟相对红酒热量更低；在啤酒范围内，淡啤则是较优选择；而若是喝鸡尾酒，则要避免加入许多甜味糖浆的种类。

（3）警惕第二天的饥饿感

因为酒精会稀释血液浓度，从而让血糖下降。血糖一旦降低，我们的大脑将会得到一个错误的信息：“血糖低了，那就要想办法提高血糖，快吃！”饮酒次日的饥饿感就是这么来的，这都是酒精作祟，而不是摄入的能量不够。解决的方法也很简单——酒后应该大量饮水，加速酒精排出体外。除此之外，第二天应该多吃点高蛋白和高纤维的食物，高蛋白食物能长期维持机体的热量需求，而高纤维食物能维持长时间的饱腹感。

吃得健康，就可以变瘦吗?

1. 健康食品的陷阱

拜铺天盖地的商业宣传所赐，那些被贴上“健康食品”标签的食物，被大家大包小包拎回家，食量上开始不加节制。其实这世界上不存在完全无害的食物，即使是比较健康的食物，吃多了也会导致肥胖。

“吃得健康就可以瘦”绝对是错误的，总热量的摄入同样至关重要。目前市面上被冠以 “健康食物”的食物之所以健康，是因为它们在同样卡路里单位内所提供的营养价值更高，被认为营养密度更大，但这并不是我们可以无节制地摄入的理由。

2. 健康食品与主食

健康食品代替主食的现象在减肥界尤为常见，很多减肥的妹子，利用蔬果代替主食，以为这样既减肥又不挨饿。

其实，主食并非肥胖的“真凶”，戒掉主食并不一定能减肥。很多人认为主食中的碳水化合物会转化成葡萄糖，就选择利用水果来代替主食，以达到控制热量的目的。但是，其实大量摄入水果，不仅单糖过高，而且由于不吃主食饱腹感不强也可能导致后续的暴饮暴食。

从营养学角度来说，人体需要碳水化合物进行能量的供给。碳水化合物中，糖类彻底氧化的途径——三羧酸循环，是体内营养物质氧化分解的通路，是人体中物质代谢的枢纽。我们的血糖、肝脏功能等也要靠摄入糖分来维持。我们的大脑、红细胞等组织也主要以葡萄糖为能源，而这些糖的来源就是“主食”——碳水化合物。用所谓的“健康食品”代替主食是不可取的。

3. 什么是真正的健康饮食?

如果真想减脂，那就从量上控制，并优先选择摄入没有经过精细加工的食品。

绝大多数的商家为了达到销售目的，往往标榜自己的产品是“健康”的，造成对于消费者的误导。而过量加工的工业食物，往往为了满足顾客的味蕾，或是延长食物保质期等种种原因，添加了大量糖类、盐类、防腐剂、色素等，破坏了食物的营养，加重了身体代谢的负担。而不少作为厨房好帮手的调味料热量也非常大，如色拉酱、咖喱块等。

加工度低是我们对健康饮食的最基本要求，尽量保持食物的原生态和原汁原味，杜绝重口调料、浓油赤酱，应享受食物原本的味道。当然，也不要因为个人好恶而对某一种食物永远情有独钟或拒之千里，多元化的饮食摄入会给你的身体注入更多新鲜、多样的营养元素。蛋白质、碳水、优质脂肪、蔬菜，缺一不可，做到尽量健康、低脂。油炸、烧烤、糖等食物尽管美味，但它们不仅仅是好身材的杀手，更是健康的杀手，需要尽可能少地去摄入。

根据最新发布的2016版《中国居民膳食指南》，我们的日常饮食应该遵循以下几个原则：

- 食物多样，谷类为主。每天的膳食应包括谷薯类、蔬菜水果类、畜禽鱼蛋奶类、大豆坚果类等食物；平均每天摄入 12 种或以上食物，每周 25 种以上。
- 每天摄入谷薯类食品 250g~400g。
- 多吃蔬菜水果、奶类、大豆。餐餐有蔬菜，保证每天摄入 300g~500g 蔬菜，深色蔬菜应占 1/2；天天吃水果，保证每天摄入 200g~350g 新鲜水果，且不能用果汁代替；建议每天喝液态奶 300g。
- 适量吃鱼、禽、蛋、瘦肉。每周吃鱼 280g~525g，畜禽肉 280g~525g，蛋类 280g~350g，平均每天摄入肉类总量 120g~200g。少吃肥肉、烟熏和腌制肉制品。
- 少盐少油，控糖限酒。每天食盐不超过 6g，烹调油 25g~30g。控制添加糖的摄入在每天 25g 以下。每日反式脂肪酸摄入在 2g 以下；足量饮水，每日 7~8 杯。

男性一日饮用酒的酒精量不超过25g，女性不超过15g。

如果在健康的基础上，还想要达到减脂的目的，则还应当遵循以下饮食原则：

- 不能吃撑，更不能节食。
- 所有入口食物都是有目的性的，避免因为想吃而多余进食的食物。
- 粗粮、蔬菜、优质蛋白质搭配，保证减脂期营养平衡和身体健康。
- 拒绝零食。当然健康的加餐，并不属于“零食”范围。
- 吃饭定时定量，养成良好用餐习惯。

减肥的原理其实很简单，就是消耗的热量大于摄入的热量。科学的热量摄入则可以概括为两个字：质和量。质，说的是摄入的食物需是合理搭配的，三大营养元素（碳水化合物、脂肪、蛋白质）、纤维素等缺一不可，同时避免热量高、GI（血糖生成指数：是反映食物引起人体血糖升高程度的指标）高的食物；量，说的是摄入的食物总量不应过多，再健康低脂的食物，吃过量了也会胖。

只有坚持这样的操作，才能避免因为某种食物“健康”就大肆摄取。当然，适当解锁，不是大罪。减脂不是苦行僧，偶尔放松吃一次甜品或者冰淇淋没什么大不了的，不要因此感觉罪孽深重。愉悦心情，放宽心态，提高基础代谢，成为“吃不胖”体质才是最重要的。减脂，是为了更好地享受生活。

吃水果可以减肥吗？

因为水果无油无盐，所以很多人认为吃水果就能减肥，但事实上盲目采用吃水果减肥的方式很可能会让你“越减越肥”。

1. 水果的营养成分

水果的名字里有个“水”字，一般水果的营养成分里90%都是水分。体积大，水分多，饱腹感强，这也是为什么大家误以为吃水果能减肥的原因。

除了水分，水果中含量比较多的就是糖分了。糖分是水果热量的主要来源，葡萄糖、果糖、蔗糖等都是水果中常见的糖分种类。不同的水果含糖量也会存在较大区别，枣、香蕉、葡萄等含糖量高，但大部分水果的含糖量在10%以内，不会很高。

而大部分水果当中蛋白质和脂肪的含量极少，几乎为零，只有少量如榴莲、牛油果（鳄梨）等水果脂肪含量较高。100克榴莲的脂肪含量为3.3克，100克牛油果的脂肪含量约为15.3克，其中优质的不饱和脂肪酸含量高达80%，在身体中容易代谢，还有利于预防动脉粥样硬化。即使如此，牛油果的热量仍然是不低的，过量摄入对减脂不利。

2. 水果的热量

对于大部分含量都是水的水果来说，热量自然不会特别高。很多人用水果来代替主食，我们来对比一下水果和我们日常食物的热量（表5-1）。

表 5-1 常见食物的热量

类别	食物	热量（千卡 /100 克）
主食	熟大米饭	117
	全麦面包	246
水果	苹果	45
	葡萄	43
	草莓	30
	西瓜	26
	香蕉	93
	梨	43
	橙	48
	芒果	35
	石榴	73
	冬枣	105
	榴莲	147
	牛油果	161

相比新鲜水果，更可怕的是果汁。新鲜水果体积大，饱腹感强，2 个苹果就能吃撑，而 3 个苹果榨成汁很快就喝完了。经过榨汁等加工，营养会损失很多。同时，市售的果汁为了口感更好，还会加入糖等添加剂，热量更是高得难以想象。

不吃其他食物只吃水果，并且严格控制摄入量的“水果减肥法”，其实和节食减肥无异，本质在于大幅度降低摄入的热量。不管你吃的是什么食物，只要一天摄入的热量远低于消耗的热量，都能有减肥的效果，网络上流传广泛的减肥方法大体就是让你“吃得少一点，再少一点”。

节食的坏处，相信大家阅读本书前文的内容，都心里有数了。节食损伤我们人体的基础代谢率，体重很快就会反弹得更高，更难再减下去。

而且长期只吃水果，会使血压变低，营养不良，造成种种健康问题。女性月经也可能变得不规律，严重的时候甚至彻底停经。最重要的是，主食、肉类、蔬菜中的很多营养在水果中是没有的。

3. 合理吃水果的方式

水果中含有丰富的营养，《2016 年中国居民膳食指南》指出，一般人一天最好摄入 200 克 ~350 克水果。水果是好东西，但需要特别注意摄入量的问题，尤其对于减肥的人来说，更是如此。若是习惯于餐后吃水果，正餐就少吃几口饭菜，给水果留下一些“空位置”。

利用水果来帮助减肥，比较合理的方式是用餐前先吃些水果提升血糖，预防过度饥饿，降低用餐的急迫感，防止吃多、吃撑，而不是仅拿水果当饭吃。这样，在满足每日必须的水果摄入的同时，还能够降低多余热量的摄入，何乐而不为呢?

减脂期间是不是不可以摄入油脂呢?

每1克油脂，热量有9千卡（蛋白质、碳水化合物分别都是4千卡每克），所谓

“高热量”，让很多人认为健身减脂餐的最佳烹饪方式就是水煮。在此，我们有必要为油脂类平反：为了大家的身体健康，哪怕是减脂期间也一定要摄入油脂。

1. 脂肪的重要性

脂肪是人体必需的三大营养物质之一，还是构成身体细胞的重要成分之一，尤其是脑神经、肝脏、肾脏等重要器官中都含有很多脂肪。如果不摄入脂类，各类身体器官就会失去保护。脂肪还是补脑必需品——人类的大脑其实有六成是脂肪，所以完全不摄取脂肪，会减缓你大脑的日常运作。

脂肪也是提升免疫力所必需的物质。人体的免疫系统要依靠多元不饱和脂肪运作以便为人体抵抗病菌、消除疾病做出贡献。一旦体内缺乏脂肪，免疫力自然会减退。而维持人体健康必需的维生素类，比如维生素 A、D、E，均不能通过水分吸收，都要借助脂肪才能吸收。

除此之外，缺少脂肪还会让我们的皮肤、头发变得干燥、黯淡无光，看起来气色糟糕，面容枯槁。

脂肪在减脂过程中也是不可或缺的。《美国临床营养学杂志》发现，减脂期间食用适量的油脂，可帮助身体分泌一种提高满足感的荷尔蒙，同时减少饥饿感，帮助我们减少对食物的渴望。

2. 好油脂，坏油脂?

既然油脂对人体这么重要，为何又要控制油脂的摄入呢？这是因为近年来加工食物的盛行和料理方式的变化，尤其是煎炸食品的盛行，大大增加了一般人平日对油脂的摄取量。油脂摄入导致变胖的关键在于我们吃了过多的、不好的油脂，而不是适量的、身体需要的好油脂。

选择油脂非常重要。 脂肪分为两大类：饱和脂肪和不饱和脂肪。

大致的分类可以参见表 5-2。

表 5-2　含饱和脂肪、不饱和脂肪的常见食物

饱和脂肪	不饱和脂肪
主要来源：牛油、奶油、猪油、红肉、椰子油、棕榈油等	单元不饱和：芥花籽油、花生油、菜籽油、果仁、牛油果等 多元不饱和：红花籽油、粟米油、大豆油、葵花籽油、果仁等 Omega-3 脂肪酸 反式脂肪

我们基本上可以粗略地这么分辨这两大类：除海鲜以外的动物油脂大多是饱和脂肪，植物性的油脂则大多是不饱和脂肪。

反式脂肪就是典型的坏油脂，而氢化植物油是最普遍、最典型的反式脂肪——有些面包房为了节省成本，会用氢化植物油代替优质黄油来制作点心。另外，180℃以上的长时间加热，比如油炸、油煎过程当中，都会产生反式脂肪。所以油炸食品是减脂期间最需要严格禁止的。总之，各种高度加工食品和煎炸食品，几乎都藏有反式脂肪。

饱和脂肪、单元不饱和脂肪、多元不饱和脂肪是可以适量摄取的，并且要尽量从天然食物里面摄取。料理方面则可以用橄榄油、茶籽油等优质植物油对食物进行烹调。

在这里要特别提一提的是饱和脂肪——也就是大家都普遍惧怕的动物油脂。过去的几十年里，包括黄油在内的饱和脂肪常常被指责为导致肥胖和心脏病等疾病的罪魁祸首。但是近期的医学研究发现，适量摄入饱和脂肪对健康有益。饱和脂肪是提供饱腹感、饮食满足感的关键，因此不必完全拒绝饱和脂肪，可以适量摄入。

3. 每天应该摄入多少脂肪?

除了摄入的脂肪的“质”之外，摄入的“量”也十分重要。

我国营养学会推荐成人脂肪摄入量一般应控制在 25%~30% 的总能量摄入范围内。低于这个比例说明你的脂肪摄入不足。那么这个数据代表了什么？我们假设一个处于减脂期的人一天内摄入了 1 600 千卡，那么按照这个比例，此人应该

摄入脂肪 44.4 克到 53.3 克。

（计算步骤如下：1600 千卡的 25%~30%，再除以脂肪类的热量系数 9kcal/g，得到克数。）

此外，应该补充 Omega-3 脂肪酸，因为这是人类的身体无法自行制造的脂肪酸，尤其是对于较少摄入坚果和深海鱼肉的人们来说，尤其容易匮乏。而人体同样无法自行制造的Omega-6 脂肪酸则广泛存在于大家所常用的各种烹调油里，所以无需额外补充。

体重、体脂没减下来，反而还出现内分泌问题的小伙伴，不妨重新检查一下自己的减脂餐和饮食计划，脂肪其实是健身人士的“好朋友”。

吃得多但是却饿得快，怎么办？

饿是神经中枢的一种感觉。我们每天都会吃饭，吃进的饭菜一般大约经过 4~5 小时就从胃中排空了。这时候，胃就会开始剧烈收缩，这种收缩使人感到饥饿，也就是应该进食的一种信号。但有时候并不是你真的饿了，而是你的神经被美食挑逗了。不过，除了美食刺激外，还有以下列出的其他原因。

1. “渴”还是“饿”

大脑有时候会把“渴”当作“饿”。有时候你的大脑会秀逗，明明传来的是“需要喝水”的信号，无奈饮水机有百步之遥，而零食就在眼前，它就会调皮地让你认为你需要食物，让你觉得饿了，这时候你的脑袋必须保持清醒，不能被误导去吃零食，一定要喝够水、喝足水。

2. “困”还是“饿”

在持续睡眠时间较短的情况下，大脑会把“困”当作需要补充能量的信号，这将导致饥饿素飙升和瘦素下降。

饥饿素是一种促进食欲的激素，一般在饭前增加，饭后降低，从而带来饱腹感。饥饿素升高会影响与进食有关的行为，提高对食物的注意力，进而导致过量饮食，即使已经有了饱腹感，仍旧会渴望高热量的食物。

瘦素这种蛋白质类激素则可以发挥抑制食欲、减少能量摄取、增加能量消耗、抑制脂肪合成的作用：

- 抑制食欲：瘦素可使人进食减少，体重和体脂含量下降。
- 增加能量消耗：瘦素可作用于神经中枢，增加交感神经的活性，使大量贮存的能量转变成热能释放。
- 抑制脂肪合成：瘦素可直接抑制脂肪合成，促进其分解，也有人认为其可促进脂肪细胞成熟。
- 对内分泌的影响：胰岛素可促进瘦素的分泌，反过来瘦素对胰岛素的合成、分泌发挥着负反馈的调节作用。

同时，睡眠缺乏之后，你更有可能产生严重的大脑疲劳和脑雾。即使你不饿，你的身体系统也会发出对碳水化合物、糖类的渴望。所以，尽可能保证每晚睡眠时间达到 7~8 小时，能量需求和胃饥饿素才能恢复正常。

3. “馋”还是“饿”

甜食会给你制造虚假饿意。疲惫或者压力过后吃上一块甜食，感觉整个人都会更加愉悦，更有满足感。这是因为甜食含有的单糖使你的血糖飙升，让你的疲惫感得到了暂时但迅速地缓解。不过凡事都各有利弊，因为这种单糖使你血糖飙升后也会骤降，很快就消耗殆尽，之后只会让你感觉更饿，使你的食欲像过山车一样忽上忽下。

所以，将高碳水化合物的食物和富含纤维素的复杂饱腹型的食物（如苹果、坚果等）搭配食用，是不错的选择。

4. “累”还是“饿”

“负能量”挑逗你的胃。因为心情不好，压力大而疯狂进食，这恐怕是大多数人的常态。这些不良情绪会干扰和紊乱控制食欲的神经系统，容易导致食欲出现异常，出现假性的饥饿感，使你在不饿的时候也感到饿。

这个时候可以尝试做一些轻松愉快的事情，比如听音乐、散步、瑜伽、冥想，做做愉快的事情，摆脱假性饥饿的诱惑。

5. “无聊”还是“饿”

周末一个人好无聊，工作一周太疲惫之后只想宅在家里，于是兴冲冲地跑去囤积了一堆食物，看着电视就开始吃起来。又或者是和人一边聊天一边嘴巴也没闲着，工作到下午还未下班但手头的事情已经完成得差不多了，这时候总是会不自觉地想给自己一点食物。而由于注意力的分散，不知不觉就摄入进了很多热量。

当你无聊时，收拾收拾屋子，看电视的时候动起来，找一个事情让自己的身体或者头脑活跃起来，避免一味地吃东西。

阅读完以上这几条，若是往后再觉得自己饿了的时候可以先暂缓思考一下，按照上面的“套路”判定一下自己是不是“假饿”。这个时候，渴了应当解渴去喝水，困了应当补觉，压力大太疲惫了应当休息缓解，无聊则要找到新活动。等到真的肚子饿了再进食吧！

先吃饭还是先运动？

英国拉夫堡大学运动和健康科学的专家罗恩・默安说：“不要在空腹时做太多运动，没有足够的‘油’，你是达不到你需要的运动强度的。”同时，空腹健身容易导致头晕目眩，甚至会导致血液中的游离脂肪酸明显增高。脂肪酸如果过量的话，就会出现损害心肌的“毒物”，引起心律异常，甚至可能会发生猝死的情况。

这告诉我们：充足的能量贮备在健身过程中很重要。简单调整饮食时间，不仅有利于健康，还可以有效地帮助燃烧更多的脂肪。大家可以在运动前一两个小时吃一点食物，大约 300 千卡就可以了。这样到运动的时候食物消化得就差不多了。如果主食没有胃口，可以找一点替代品。

运动结束后，补充一点蛋白质这样效果也会加倍，还有饱腹作用。如果运动量大、很饿，又想最大化减脂，至少要一个小时后再进食。

为什么隔一段时间就很想吃垃圾食品？

很多时候，身体是最诚实的，也许某天你脑海中突然无数次浮现某一种食物的身影，但这并不代表你的自制力出了问题，而是身体在向你发出无声的讯号。英国营养学家肖娜·威尔金森就曾研究了人们对各种食物突然渴望背后的真正含义，当然学界对此仍有争论，不妨先作个参考。

1. 巧克力—镁

我们可能会认为，我们想吃巧克力，但其实是身体在告诉我们：我们需要镁。

肖娜说："镁不但可以通过预防炎症来支持免疫系统，而且在平衡神经系统和减轻焦虑的过程中起到了至关重要的作用。镁对于保持良好的骨骼健康同样重要。对付这种渴望最好的方式就是吃一块黑巧克力（含有 80% 以上的可可）。食用足够的鱼肉、绿色蔬菜和坚果，也能维持体内镁的水平。"

2. 肉—铁

肖娜说："想吃肉就意味着你的身体需要铁了。有一种流行的饮食趋势是减少对红肉的进食量，但它也是导致缺铁的重要原因。铁在支持免疫系统的过程中起到了至关重要的作用，因为它有助于把氧气输送到全身。没有铁，人们就会变得疲劳困倦。尝试每周至少吃一次红肉，同时食用扁豆、菠菜和南瓜子，因为它们是矿物质和维生素的重要来源。"

3. 咸味食品—钠

肖娜说："如果你渴望咸味食物，那可能就意味着你体内的钠含量太低——通常是由于脱水（例如运动后、生病或者喝酒）所造成的。钠有助于维持身体的水平衡和正常的血压。"

肖娜补充道："你可以食用高钠含量的零食来迅速补充，例如，凤尾鱼干或盐渍爆米花，但是要注意热量，不能一次吃太多。芹菜和胡萝卜中也含有少量的这种矿物质，它们可以满足你对钠的需求。"

4. 碳水化合物—色氨酸

肖娜说："对碳水化合物的渴望是氨基酸数量处于低水平的标志。"

生成血清素所必需的色氨酸是一种能令人感觉幸福的大脑神经化学物质，它对睡眠和清醒周期以及消化功能起着至关重要的作用。缺乏色氨酸会导致情绪低落和焦虑。与其进食难以消化的碳水化合物，不如尝试在饮食中加入适量的、可以为你提供足够数量的色氨酸蛋白质，如鸡肉、鸡蛋、香蕉和核桃等。

不过，即便有了这样的研究，也不能把想贪嘴的原因全归结于此。有时候可能也因为你在生活中有意无意地接触到了这样的食物并受到了影响，才非常想吃。比如走在街上看到别人在吃冰淇淋，你就也很想来一个；看到电视里有人吃泡面，你突然很想念泡面的味道。偶尔吃一点点垃圾食品也没什么关系，生活中心情愉悦很重要，但是千万不要忽略了"偶尔"这个频率关键词。

月经不调是吃得不对吗?

要回答这个问题，首先要了解人体的基础代谢和基代损伤这两个概念。

1. 基础代谢和基代损伤

基础代谢，简称基代，指的是人体在自然温度的非活动状态下，维持生命的所有器官所需要的最低能量需求，也就是：就算躺在床上什么都不干，身体也会燃烧的热量。

有些人为了减脂，为了尽量提高消耗、降低摄入，不好好吃饭，每天摄入的热量远远低于基础代谢的需要，身体就会进入饥荒模式。聪明的大脑会对此自动做出反应，指挥神经系统释放信号来降低代谢，试图阻止体重降低，这样就导致减脂进入平台期。为了继续降低体重，你必须将摄入再次降低，然而身体又会再度做出调整，再次降低基础代谢，使减脂进入下一个平台期。如此往复造成恶性循环，就会导致基代损伤。

为什么身体会做出这样的反应？很简单，这是身体的自我保护机制。假如身体不降低基代，那么你的消耗量越来越大，摄入量又越来越小，过不了多久你就会活活饿死了。

2. 基代受损和月经有什么关系吗?

基代受损后，热量消耗太多、摄入太少，于是大脑感受到你处于饥饿状态、快要饿死了，它就对身体发出信号开始调节，改变激素水平从而不让你排卵。因为如果当你基代受损时排了卵怀了孕，就没有多余的热量和营养孕育后代，然而不排卵，月经也就没了。

3. 碳水和生理功能

热量摄入太少会导致基代受损，因此我们需要了解如何正确、健康地摄入热量。

碳水化合物是人体三大营养物质之一，离开了它，人无法正常生活，它有着供给能量、参与构成人体组织结构、储存能量、维持血糖提供机体代谢所需必要物质等重要的生理功能。

蛋白质，同样作为人体三大营养物质之一，是人体一切细胞和组织最主要的组成物质，参与了细胞生命活动的每一个进程。因此，我们的身体不到不得已的时候，不会大量消耗蛋白质。所以，虽然人通过蛋白质也能摄入能量，但利用率非常低。

上文说到了，能量摄入不足，是导致女性月经紊乱甚至停经的最大原因。而在蛋白质不能够作为主要人体供能来源的前提下，三大营养物质中的另外两个重要营养物质——碳水化合物、脂肪将对于人体的能量摄入以及正常生理功能的实现起着重要的作用。

4. 正确摄入碳水化合物

吃少了病、吃多了胖，那减脂期间碳水应该怎么吃才科学呢？

（1）碳水化合物种类的选择

减脂期间，应该选择全谷、杂豆、薯类这些粗粮作为碳水化合物的主要来源：

- 全谷物，是指未经精细化加工或虽经碾磨、粉碎、压片等处理但仍保留了完整谷粒所具备的胚乳、胚芽、麸皮及其他天然营养成分的谷物。大麦、燕麦、糙米、全麦面粉等都是各位健身党们熟悉的全谷物。
- 杂豆指除了大豆之外的红豆、绿豆、黑豆、花豆等。
- 薯类有马铃薯（土豆）、甘薯（红薯、山芋）、芋薯（芋头、山药）和木薯等，薯类中碳水化合物含量达 25% 左右，蛋白质、脂肪含量较低。

与精制谷物相比，全谷物及杂豆类可提供更多的 B 族维生素、矿物质、膳食纤维等营养成分。全谷物、薯类和杂豆的血糖生成指数远低于精制米面。推荐每天吃全谷物、杂豆类食品 50 克 ~150 克（生重），相当于一天谷物摄入总量的 1/3~1/2。

（2）减脂期间的碳水化合物摄入量

就算是严格减脂期间，每天也至少应该摄入 100 克糖类。其中，去除各种奶类、水果类、蔬菜等食物的含糖量，每天大约还需通过主食摄入 45 克糖类。大部分粮食中，以原料生重计算碳水的含量只在 70% 左右，所以要提供 45 克糖类，需要至少摄入 64 克主食。

（3）若已经闭经该如何挽救?

如果你的姨妈已经出走，那么以上这个碳水摄入量对你来说还远远不够!

对于闭经的姑娘来说，每天至少要食用 250 克主食（生重），同时脂肪的摄入也必须保证。并且不可以只吃粗粮，精细粮，比如白米饭和白馒头也是必须摄入的。精粮提供的单糖虽然升糖指数高，但身体可以快速消耗利用。

除了碳水化合物之外，还可以多吃一些动物内脏，以补充铁元素。酒酿鸡蛋也是调理月经的推荐食物。酒酿发酵产生的糖化酶，能够快速分解淀粉使之变成葡萄糖，以便被子宫吸收利用，鸡蛋又含有丰富的优质蛋白和维生素与矿物质，两者搭配食用能够很好地调节身体的内分泌情况。

最糟糕的情况莫过于因为减脂心切而牺牲身体健康。如果你出现了月经不规律甚至闭经的症状，请先稳定病情半年以上再进行突击减脂。健康的身体比苗条的身材更重要!

如何在校内、单位食堂坚持减脂饮食?

为了不让吃饭地点成为健康减脂的阻碍，以下是一些容易遵循的在校饮食策略，也适用于烹饪时间和条件有限的人们。

1. 选择健康的食物种类

尽量避免：

- 油炸类食物
- 看不出食材本身色彩的食物，这些食物往往高油多酱汁
- 额外添加糖的食物
- 零食、饮料和酒，其中包括被很多人误认为是健康饮品的果汁饮料、乳品饮料

尽量选择：

- 用蒸、煮、炖、凉拌等方法烹饪出来的食物，这些都是少油清淡的处理方法
- 白开水、矿泉水、茶水（不包括含糖茶饮料）、纯牛奶等

2. 每顿怎么吃

要想知道我们每顿应该吃什么更健康，就应该知道我们的身体需要什么。首先，通过下面的3句话简单理解一下：

优质碳水，供能燃脂不疲乏；
优质蛋白，长肌刷脂又饱腹；
丰富果蔬，促消排毒身体好。

3. 每顿吃多少

知道了每顿要吃什么，就是要解决吃多少的问题了。学生党、上班族的运动量并不能与专业运动员或者参加健身比赛的人士相比较，而我们的出发点是健康，所以建议不需要过于追求食物的摄入克数，利用基本的“餐盘法则”就可以达到健康减脂的效果了。

“餐盘法则”就是：

- 以每个人自身的一个拳头的大小为单位；
- 一顿饭先从大量蔬菜开始，总计摄入两拳头大小数量的蔬菜；
- 富含蛋白的食物和主食各吃一拳头大小。

4. 每顿吃什么

主食比较优质的选择就是以粗杂粮为主，如玉米、芋头、番薯、山药、麦片、紫米、小米、莲藕、不加糖的全麦面包等。

- 饭堂型

在一般的高校饭堂可选主食种类其实不少，例如玉米、番薯、紫米粥、小米粥、红豆薏米粥、南瓜粥、红薯粥、山药、莲藕、玉米窝窝头等。需要注意的是，类似红豆薏米粥这类杂粮粥要挑选无糖的。

- 采购型

为了预防因有时候起晚了、饭堂卖光了或外出办事而导致没有可选主食的情况，我们可以购买一些备用主食，如无糖原味麦片、原味 Weet-Bix 或 100% 全麦面包。但是购买之前请先阅读一下食物的配料表和营养成分表，切勿购买添加剂过多的产品。

优质蛋白的选择，就是以鸡蛋、牛奶、鱼虾、鸡胸肉、瘦牛肉、瘦羊肉、瘦猪肉等为主。

• 饭堂型

优质蛋白的可选种类广泛，食堂一般都会有提供，需要注意的就是，炸的不要选，太油太多酱汁的不要选，以清淡少油为主。

• 采购型

可以采购备用的蛋白一般有：即食鸡胸肉、水浸金枪鱼罐头等。

因为果蔬的热量不高，基本我们看到的都能入口。

• 饭堂型

每顿选择蔬菜时，应以叶菜类为主，如白菜、生菜、菠菜、菜心等，搭配木耳、彩椒、海带、豆科蔬菜等，形成五颜六色的餐盘，使得蔬菜种类摄入多样化。要注意选择没有过多油、过多酱汁的。

• 采购型

因为不少大众钟情的水果果糖含量并不低，如西瓜、哈密瓜，很容易摄入过多。而当体内糖原达到饱和状态时，多余的糖原就会囤积成脂肪。因此建议健康减脂时限制水果摄入量，一般一天吃一份一拳头大小左右的水果就差不多了。

同时，可以多采购如西红柿、黄瓜等热量低、维生素高、容易储存的蔬菜，作为正餐之外肚子咕咕叫时的优质加餐选择。

减脂为什么要吃低 GI 食物?

1. “GI”指的是什么?

关注过健身饮食的小伙伴们应该都听过“GI 值”这个词，还知道减脂时要尽量选择低 GI 的食物。GI 是升糖指数（Glycemic index）的简写，用于衡量糖类对血糖量的影响。不同于食物中的其他营养成分，如蛋白、脂肪、维生素等通常都是通过物理化学方法测出来的，而食物的 GI 值是通过人体试食实验得出的数据。测定方式是要求实验对象在空腹的状态下进食含有 50 克碳水化合物的食物，然后 2 小时内每隔 15~30 分钟测定一次血糖。并以同一组人吃进 50 克葡萄糖后的血糖变化为 100％作为基数，再计算和比较出各种食物的 GI 值。因此，目前常见的食物升糖指数都是许多实验下的一个平均值。

当我们摄取高 GI 食物（GI>70）时，体内血糖值快速上升，身体为了保持本来的平衡状态，大量分泌用来抑制血糖的胰岛素；过多胰岛素会促使体脂肪形成，并使血糖快速下降，造成饥饿感，使我们吃进更多东西。

当我们摄取低 GI 食物（GI<55）时，血糖值将维持在较稳定状态，胰岛素可以正常供应给身体细胞利用，不会囤积过多脂肪，也不会有暴饮暴食的情形发生，当然也就不易变胖。

2. 那胰岛素和体脂肪到底有什么关系呢？

先来看看科学家做的一个研究：历史记载，生长在美国亚利桑那州的皮马印第安人原本衣食富足、身体强壮，鲜少有肥胖的状况。然而在与西方文明接触之后，糖尿病与肥胖问题在皮马印第安人中变得极为普遍——17 岁的印第安年轻人们，平均 BMI 竟然逼近 30。

科学家对他们发胖的原因做了一番研究：他们找来 328 位 5~9 岁的印第安孩童，为他们测量血液中的胰岛素浓度，9 年后再来看他们体型的变化。惊人的是，在排除其他因素之后，高胰岛素浓度竟能准确预测哪些印第安小朋友在 9 年后会发胖。

3. 糖分摄入与胰岛素

在糖、蛋白质、脂肪三大营养素中，糖最能刺激胰岛素的分泌。因为糖属于小分子，进入肠道后几乎不需要消化分解，很快就会被吸收进入血液循环，而为了应付突然涌入的大量糖分，胰脏只好加班工作，并分泌大量的胰岛素，从而让血糖急剧下降，恢复到一个适当的范围。

每餐都吃得血糖飙升，引起胰岛素过量分泌，带来血糖骤降，之后无法抑制的食欲使我们继续吃下一顿高血糖大餐，以至于最终成瘾，也就成了恶性循环。下次刚刚吃饱、却又肚子饿了的时候，可以扪心自问是否刚刚吃了高升糖指数的食物。

4. 储存脂肪的胰岛素

胰岛素在人体内有许多不同的作用，其中就包括把吃进肚子里的营养储存起来。

除了负责储存养分之外，胰岛素还身兼“门神”的职责，以阻止脂肪细胞分解。当胰岛素浓度低的时候，人体可以自由地从脂肪细胞里抓取能量来使用。但当胰岛素浓度升高时，人体就会停止使用脂肪，改为燃烧碳水化合物。体内长期保持高胰岛素水平，脂肪就会越储存越多，这就是高胰岛素水平使人发胖的原理。

因此，减重时如果控制好胰岛素的话，就像顺水行舟一样，不用划也能畅行万里。然而胰岛素失调的人就算拼命用节食和运动来减脂，却好像在河里逆流而上，难以前进。

多吃天然、健康的食品，特别是在碳水化合物的摄入上最好选择粗粮。因为糙米、地瓜、五谷杂粮等粗粮有大量的纤维质，使它们在肠道中缓慢地被吸收分解，提升血糖的方式也比较缓和。所以未经加工精制的碳水化合物一般不会刺激大量胰岛素的分泌，它们会使体内胰岛素保持在一个相对稳定的水平，那么体型的控制就不那么难了。表 5-3 所示是一些常见食物的 GI 值。

表 5-3 常见食物的 GI 值

GI 范围	食物	升糖指数
低 GI 推荐日常食用	樱桃	22
	果糖	23
	李子	24
	柚子	25
	红小扁豆	26
	四季豆	27
	全脂奶粉	27
	鲜桃	28
	绿小扁豆	30
	干杏	31
	脱脂奶粉	32
	苹果	36
	梨	36
	芦柑	43
	乳糖	46
	猕猴桃	52
	香蕉	53
	荞麦	54
中 GI 日常食用	芒果	55
	小米粥	62
	葡萄干	64
	黑麦面包	65
	菠萝	66
	全麦面包	67
高 GI 建议减少摄入	大米	85
	糯米	87
	即食燕麦片	87
	白面包	88
	葡萄糖	100
	红枣	103
	麦芽糖	105

原来这些隐性含糖的食物，才是你始终瘦不下来的罪魁祸首！

1. 含糖饮料

很多读者都向我们反应，自己已经严格刻苦执行训练计划，并且也尽量杜绝了糖分的摄入，但还是没有体型上的变化，该怎么办？这可能是你没有戒除掉下列这些隐性含糖量高食物的原因。

含糖饮料不仅仅是指碳酸饮料，也包括各种果汁、咖啡、茶饮料。根据世界卫生组织的最新报告建议，人们从食物中摄取的总热量（卡路里）中，自由添加糖所产生的热量所占比例不能超过总热量的 10%，尽量做到 5% 以内。这样一来，一个平均每天摄入 2 000 千卡的成年人每天可以摄取的添加糖量仅为 25 克，最多不超过 50 克。25 克砂糖是什么概念呢？相当于 6~7 勺咖啡勺所盛的砂糖含量。几乎市面上所有含糖饮料的砂糖含量都超过了这个值，每罐碳酸饮料的砂糖含量大约是 40 克。可以说，喝含糖饮料，就是在喝糖，这个准则几乎适用于所有的未标明“无糖”的包装饮料。

2. 加工麦片

含糖饮料不让喝，吃点麦片应该是挺健康的吧？麦片的确是低 GI 的优秀食物，但这指的基本是纯麦片，β – 葡聚糖含量高的未经细加工的非速食燕麦片。很多市售的“加工麦片”同样属于“邪恶糖”的雷区。

怎样分辨纯麦片与加工麦片呢？除了包装上的标识之外，还可以从外观上简单分辨：纯燕麦片是燕麦粒轧制而成，呈扁平状，直径约相当于黄豆粒，形状完整；经过处理的速食燕麦片虽有些散碎，但仍能看出其原有形状。“加工”麦片则是由多种谷物混合而成的，如小麦、大米、玉米、大麦等，燕麦片只占一小部分，有的甚至不含燕麦片。

不少进口产品通常在早餐麦片里加入水果干、坚果片、豆类碎片等，国内的厂商则喜欢加入麦芽糊精、砂糖、奶精（植脂末）、香精等。加入砂糖和糊精会提高血糖上升速度，加入奶精则不利于心血管健康。相比之下，加入水果坚果和豆类的麦片相对较为健康，但总的来说对于减脂期的人来说，都不及普通纯燕麦，摄入的糖分也比纯燕麦片更高。

建议减脂期最好选择纯燕麦片，也可以自行添加水果和坚果等，口感会有所改善，也更容易控制摄入。

3. 面包

各色诱人的面包不仅脂肪含量高，而且也含有“隐形糖”。观察一下不少面包包装袋上的营养成分表会发现：各类白面包每 100 克中就含 10 克 ~20 克左右的添加糖，这还不算面包的淀粉含量。面包制作过程中都会加入白糖供面包酵母发酵。食品配料表中的配料是按用量的多少来排序的，面包的配料表中大多都标示“白砂糖”，并且排在较前的位置，这说明白砂糖的用量不少，平时选择的时候一定要慎重再慎重。此外，特别需要引起注意的是，别以为口味能决定糖分含量，一些咸面包中的含糖量也不少。

4. 各类酱汁

需要用到各类酱汁调味的食物太多了，中式的如煎饼、鸡蛋灌饼、酱汁排骨等，西式的料理如意大利面、沙拉、牛排等，就连吃火锅都得有麻酱料才行。但要警惕，很多酱汁中糖的含量竟然也不少。

倒在食物上面改变其口味的任何液态物质实际上都属于“酱汁”，包括番茄酱、辣椒酱和沙拉酱在内的酱料都含有大量的糖分。酱汁的添加可以使食物变得更加美味，但是对身体并不完全有益。酱汁通常含有大量热量、盐和糖，甚至味道不甜的的酱汁也可能会添加很多糖分。

5. 乳饮料

牛奶和酸奶的确是好东西，但市面上许多浑水摸鱼的乳制品和乳饮料就没有商家宣称的那么健康。

在多数乳酸菌饮料的外包装中，虽然都标注着其中含有糖类成分，但是几乎都没有清楚地显示出其具体的含糖量。而事实上，在乳酸菌饮料营养成分中，营养表上标示出的碳水化合物一项基本上可以看作指的就是含糖量，其他的碳水化合物几乎可以忽略不计。在对比了多种乳酸菌饮料后我们发现，按照相关产品上标注的碳水化合物指标，一大半以上的产品的含糖量都超过了 18 克 /100 毫升。如果按照每瓶饮料 500 毫升进行计算，普通的一瓶乳酸菌饮料就可能含有 90 克 糖。

现在市面上有不少乳饮料纷纷打出了“0 脂肪”“低糖”的宣传噱头，也还是不要被迷惑的好，低糖可能是因为采用了代糖作为甜味剂，长期摄入可能会造成肠胃问题。

6. 干货食品

干果、肉干、果蔬干这类食品经常被大家视作可以随便吃的“健康食品”，很多减脂期的朋友都拿它们当作零食来吃。事实上，它们是“邪恶糖”盘踞的重要据点。许多干货食品，如牛肉干、干果、水果干含有大量糖分。因为糖有保水作用，所以有些牛肉干在制作时会加入糖，使牛肉干变得松软，食用和保存过程中不会太硬，这样的牛肉干也算是兼具“高盐高糖”特点的加工食品了。

干果就更不必说了，以葡萄干为例，葡萄已经是含糖量较高的水果了，而葡萄干的含糖量还大大超过了新鲜葡萄。在晒干水分体积缩小之后，往往同样重量的葡萄干糖分是新鲜葡萄的 4 倍，等于是把糖分“浓缩”了。建议，这类食品摄入的时候一定要严格控制数量，偶尔解馋吃点可以，不建议当成健康零食经常吃。

减脂时期如何在外就餐?

对于很多人来说，在各种花样减脂食谱的相互分享之下，减脂餐已经不存在什么难吃的问题了。但是，新问题出现了，“我因为减脂，总是自己做饭吃，都快失去社交了。”中国一向都有餐桌文化这一说，不管是干什么、什么关系，反正都离不开吃饭，很多事情都是在餐桌上进行的。那么，如果和朋友一起外食该怎么办？有应酬推托不掉如何应对？外食就一定是不健康、油腻、高热量的化身吗？以下是一些减脂期外食的参考。

- 火锅店：选鸳鸯汤底，自己点一些基围虾、牛肉、鸡肉、青菜、菇类、豆制品、土豆，下在清汤锅底。朋友吃什么随他喜欢，什么口味他高兴就好。你吃得放心，他吃得开心，其乐融融。
- 中餐馆：很多正式的场合，大家还是习惯在中餐馆，围一个大圆桌，然后开始大吃大喝。很多中餐馆都偏油腻，那怎么办呢？可以在点菜的时候点一些含蛋白质高的菜，以清淡的做法为佳：比如白灼虾仁、汽锅鸡、清蒸鱼等，再加上一些蔬菜和粗粮类的主食就很好。点菜的同时也可以要求一份青菜汤或者直接将菜用开水过过水再吃，就不会那么油腻，也不会影响到大家吃饭，两全其美。
- 西餐厅：这个操作就简单啦。在点菜的时候直接可以一口气说完了：牛排少油煎，不需要酱，搭配意面，不要煮的过熟。再点个蔬菜沙拉，要求使用沙拉油或要求沙拉酱不要直接倒在菜上。蛋白质、主食、蔬菜一应俱全。
- 日本料理：一般中国的日本料理店都是寿司和生鱼片等比较有市场，寿司可以挑选一些以鱼、蔬菜、藻类、菇类为主的寿司种类，生鱼片就可以自己视喜好选择。寿司里面有米饭，但是量少，如果可以的话，尽量放在午餐会比较好。

- 咖啡店：市面上很多咖啡饮品中含有大量的糖浆、奶油、奶粉等，高糖高热量明显不适合减脂期间饮用，但是美式咖啡却是很好的选择。美式咖啡就是黑咖啡，单纯的意式浓缩咖啡加水，不止热量低而且有利于提高代谢。如果不喜欢黑咖啡的口味，可以选择无糖的拿铁、卡布奇诺，其他没有额外添加糖的咖啡饮品减脂期间也是可以适量饮用的。

- 早餐店：有很多地方都有早餐文化。如果你是在中式早餐店的话，一根玉米、一碗红豆粥，加上两个鸡蛋，自带一个苹果就是非常好的选择；如果是在西式早餐店内，可以选择两片全麦面包、夹两片鸡蛋、一个苹果，再加上一杯牛奶也很不错。

减脂期间控制饮食不意味着外食就要坚决杜绝。如果在有好的搭配和选择的情况下，在自己外出聚会、工作时，顺带给自己放放假，满足一下自己的胃口反而更好。这样做的好处是，你不会总是惦记一些好吃的却过于克制而导致暴食，偶尔有节制的外食反而更加利于长期的坚持。

如果觉得因为减脂而少了和朋友一起吃饭的次数，试一下上面的外食策略吧。不要有压力或者外食恐惧症，放轻松，走出去，做好好的选择和打算，约着朋友一起吃顿饭吧！

减脂是一个生活方向，让自己的体态更加美丽，让自己的身体更加健康，是一种好的生活习惯，而不是生活的负累或者压力。保持健康观念，做一个有选择的吃货，美食与身材都不会被辜负。

减脂期真的可以有“欺骗日”么？

健身过程中的“欺骗日”指的是：健身过程中会有饮食热量控制计划，在这个计划过程中，多为一周至两周的时间中抽出一天，让自己的摄入热量高于控制期热量。这一天你可以放纵食欲，增加蛋白质、碳水化合物和脂肪、卡路里的摄入，避免身体习惯之前的低卡路里状态。

“欺骗日”的原理是在减脂过程中体重下降一段时间，身体会慢慢适应这种低卡路里摄入，利用更少的热量来消耗完成它的工作，造成新陈代谢下降，出现平台期难以突破的状态，而“欺骗日”的存在有利于打破僵局。所以，理论上还是有必要的。

同时，减脂过程中有氧运动和力量训练是必不可少的，大量的运动会让肌肉处于高度紧张状态，“欺骗日”的存在能够让你的肌肉得到放松和恢复，以便顺利迎接接下来任重而道远的减脂之路。

并且，有了“欺骗日”的存在，口欲的满足不会让你觉得减脂之路十分艰难，尤其是对于需要嘉奖的同学，设置了“欺骗日”会让你对自己的减脂之路充满期待。

那么这一天真的能大吃特吃，敞开吃吗？

我们讲能否大吃特吃之前，先说说这个“欺骗日”的适用人群。“欺骗日”适合意志力强、自控力好的人。因为对于意志力不坚定的同学，这很有可能会成为减脂路上的一大绊脚石，一旦开口就一发不可收拾。

因为，毕竟是处于减脂阶段，如果这一天你真的暴饮暴食敞开吃，会把你缩小的胃撑大，让你好不容易降低下去的食欲再一次变大。

其实，“欺骗日”卡路里摄入量比平日增加 30%~50% 是比较合理的，既满足口腹之欲又不会出现热量超高的现象。建议不要将某一整天都放纵成为“欺骗日”，而是将欺骗餐集中在早餐和午餐增加摄入，因为如果将高热量的食物放到晚上吃，产生肥胖的几率更高。

综上所述，自控力好的人可以设置“欺骗日”，并且合理安排进餐时间和进餐量，多吃但不乱吃。

CHAPTER 6

人马君 FITSTART

第六章

增肌、减脂计划

人鱼线 VS 马甲线

如何制定合理的健身计划？

不管是刚刚进入健身房的小白还是已经有一定训练经历的人，都会面临同样的一个问题——如何制定一份合理的健身计划？以下几个要点，可以帮助大家根据自己的需求制定一个较为合理的健身流程。

1. 确定目标，记录身体数据

首先，你需要确立你健身的目标，是减脂还是塑形，是增肌还是为了提高力量。对刚入门的人来说，这个目标可能比较遥远，但没关系，我们可以分阶段去实现，前提是必须要有目标，这是你能够坚持下去的基础！我们推荐这个目标需要是 Smart 的，即：明确的（Specific）、可测量的（Measurable）、可以达到的（Attainable），适当的（Relevant）和有时限的（Time-bound）。

举个例子，“在 3 个月内增加 2 公斤的肌肉”就是一个很好的目标，因为它很明确，是可以测量、可以达到的，也是适当的、有时限的——这会让你有强大的动力将一个健身计划坚持下去。相比之下，" 想要身材变得更好 " 这种目标就显得太宽泛了。

有了目标，接下来就要注意记下你身体的围度、体重、身形等，用来做对比。这样一来，我们就可以在锻炼一段时间后，和开始执行之前有一个明确的对比。我们可以选择坚持记日记、记录身体三围数字和拍照片的方式对身体数据进行记录。

2. 力量测试，自我评估

你还需要测试一下你的整体力量（上肢、下肢和核心的力量）、柔韧性、是否有高低肩、盆骨是否前倾等。只有了解了这些，才会知道我们真正需要加强的部分是哪些。自我评估很重要，这样可以更有效地制定健身计划，也可以避免伤病，但许多人都没有做到这一步。

3. 制定好训练频率和周期

我们都不是专业运动员，运动不是生活的全部，对大部分人来说，我们要上班上学，要有聚会，还有其他事情需要做，所以，我们需要根据自己的实际情况，制定一个可行性高的训练频率和周期。

由于长期通过同一套动作进行训练容易遭遇平台期，因此我们需要制定一个固定的训练周期，周期结束再更换一套训练计划以最大化我们的训练效果。一般来说，我们的训练周期是 2~3 个月，训练频率视大家的空余时间而定。空余时间多，一周可以练 3~5 次；空余时间少，训练次数可以相应减少，但就需要在保证动作质量，完成度的前提下提高训练的强度，并尽可能的多训练几个部位。无论怎么安排，我们都要保证训练频率稳定，切忌三天打鱼，两天晒网。

4. 注意细节，循序渐进

确定了目标，记录了维度，并且有了确切的训练频率和周期，接下来就可以开始训练了。在训练的过程中，你最应该注意的就是从细节、从最基本的计划开始，健身不只是一个个动作，它需要我们结合自己的个体情况、个人需求和自己的时间安排去不断完善。

随着身体的变化，我们为自己所制定的健身计划也需要不断地进行调整。如果你发现自己达到了“瓶颈期”，体脂不再下降、肌肉不再生长或者是运动表现下降，那么就意味着是时候改变一下健身计划了——可以替换一波训练动作、变换一下饮食安排、加大或者减少锻炼强度，或者寻找一个更专业的教练等等。

此外，对于许多健身者，尤其是想减脂的朋友，很容易走进过分在意体重的误区。我们需要端正观念，因为真正的健康不是一味的“瘦”，体重秤上的数字下来了，可还是一身松松垮垮的肉，看起来身型也不好看。身体力量不断增强，感受自己的运动能力慢慢变强，看到自己身材变得美观，这种感觉才是人马君希望大家去追求的。

如何安排健身顺序？

对于一般的健身爱好者或者是希望通过健身来塑形的人群，一次高效的健身可以这样安排：

热身（5–15 分钟）-> 主体训练计划（30–90 分钟）->
拉伸、放松（5–10 分钟）-> 洗澡 -> 营养餐

1. 训练前饮食

建议在训练前，提前 30 分钟吃点东西，尤其可以注意补充一些碳水化合物，如全麦面包、香蕉、燕麦棒等，这些碳水可以保证运动时身体的状态，也不容易出现低血糖情况。

2. 拉伸和热身

运动前的拉伸，以活动身体肌肉、关节为主，主要是为了减少肌肉的黏滞性，增加运动肌群的血流，提高运动表现，减少运动伤害的发生。热身运动建议从缓和的运动开始（比如在跑步机上走），不要太快地增加强度，感到身体微微出汗即可。体重较大的人群可以选择自行车、椭圆机等器械热身，以降低关节受到的冲击力。大强度力量训练前，尤其要针对主要训练的肌肉进行充分拉伸，并对于目标肌群

进行一些轻重量的训练。拉伸也是有顺序的，我们一般推荐先大肌群、再小肌群，先核心、后两端的顺序。

3. 主体训练

基本构成：力量练习 + 有氧运动。对于不同需求的人群，主体训练部分可以这样安排：

新手增肌：力量练习应占总训练量的 70%~80%，有氧训练占 20%~30%。

减重：力量练习应占总训练量的 35%~50%，有氧训练占 50%~65%。

4. 放松拉伸

训练结束后一定要对训练部位进行放松拉伸，此举能有效令肌肉放松、减少肌肉僵硬，令血液微循环增加，养分得以到达训练后，需要修补的组织中去，并加快代谢废物的排出。伸展为主，大概持续 10 分钟左右。此处拉伸的方法与训练前的动态拉伸有所不同，是静态拉伸，不要上下弹动。每个部位可以重复 2~3 次，每次保持 15~30 秒。一般将肌肉向其收缩的反方向进行伸展。此外，在器械训练过程中，组与组之间也要对目标肌肉进行拉伸。

5. 洗澡

训练之后不要急于洗澡，稍微休息一会儿，等不再出汗时就可以了。另外，一定要使用温水洗浴。健身房里最容易出问题的地方是桑拿室，大强度训练之后，血液已经大量流入肌肉，这时候再蒸桑拿很容易出现危险。

6. 营养餐

一般在运动完之后就应该补充一小份的餐食。运动结束后 30 分钟内是比较好的补充窗口，注意摄入一些蛋白质、碳水化合物等。

如何考量健身效果?

以下6个简单的测试可以准确地考量健身效果，建议做完之后把成绩记录下来，过上一段时间再测一次，这样就可以清楚地知道自己到底有没有进步了。

1. 肌力耐力测试：深蹲

测试方法如下：

先测出你的体重，然后除以2，得出来的数值就是你要加的杠铃重量，比如体重为50公斤，杠铃要加的重量即为25公斤。然后以此重量进行杠铃深蹲，看你能够完成多少次，最多到50下便可停止。

下面是评量的等级：

26-50下——优秀

11-25下——一般

0-10下——差

（每4~6周重新测试一次）

目的：这个动作是用来测验躯干及下肢的肌力与耐力。

限制：如果下背疼痛或是膝盖疼痛，或者其他各种原因导致测试做起来有困难，这个方式就不适合你们了。

2. 腹肌力量测试：仰卧举腿

测试方法如下：

（1）仰卧平躺在软垫上，双手平放在身体两侧，抬起下肢，弯曲膝关节和髋关节，使下腰部紧贴在垫子上，大腿约与地面垂直。

（2）然后开始缓慢放下下肢，保持膝关节的角度不变。

（3）重点是要保持下腰部继续紧贴在垫子上，当您发现下腰部开始弓起时（下背部离开垫子），记录下这个位置。

如果下腰部开始弓起时大腿与地面倾斜角度大于 45 度，说明你的腹肌力量不足（通过腹肌的训练这个角度可以越来越小）。近似估测角度即可，可以参考的标准如下：

90° ——非常弱

75° ——弱

60° ——低于平均值

45° ——平均值

30° ——高于平均值

15° ——强

0° ——非常强

目的：检测腹肌力量。如果能轻松完成，进而脚踝可以绑上沙袋，如果这也能做到，证明你的腹肌力量确实十分强大。

3. 体脂测试：腰臀比

减脂期，我们需要关注许多数据。除了我们熟悉的体重、体脂率、BMI 之外，腰臀比也是重要一环。腰臀比是指腰围和臀围的比例，是判断向心性肥胖的重要指标。同时，塑形的妹子们也应该多测量自己的腰臀比数据，以向“黄金比例”靠拢，并着重训练薄弱环节。

测试方法如下：

很简单，拿一根软尺，测量你腰围的最窄部位和臀围的最宽部位的长度，尽量要精确到 1 毫米。然后用腰围除以臀围，算出自己的腰臀比。

如果腰臀比男性 >0.9，女性 >0.85，就算是腹部脂肪堆积，属于向心型肥胖，患上糖尿病和心脏病的风险加大，需要着重减脂。

女性理想的腰臀比例大约在 0.67~0.80 之间。如果是男性，最理想的比例大约在 0.85~0.95 之间。如果自己的腰臀比不理想，也很有可能不是腰不够细，而是臀部肌肉还不够发达——我们可以在雕塑“小蛮腰”的同时，着重做一些臀部训练，练出更加饱满的臀部。

4. 上肢力量测试：俯卧撑

上肢力量是健身中非常重要的一环，要测试上肢力量，就来数数看在动作不变形的情况下你能连续不停地做多少个俯卧撑。男性应该做标准式俯卧撑，两腿伸直、脚尖触地；女性可以做“改良版”的俯卧撑，即跪式俯卧撑，双膝着地、双脚提起。

表 6-1 所示为俯卧撑：女士健康评测表，表 6-2 所示为俯卧撑：男士健康评测表。

表 6-1 俯卧撑：女士健康评测表

	30 岁以下	30~39 岁	40~49 岁	50~59 岁	60 岁以上
强壮健康	41+	38+	31+	21+	16+
非常健康	31~40	28~37	23~30	16~20	11~15
健康	21~30	19~27	15~22	11~15	6~10
一般	11~20	9~18	7~14	5~10	3~5
差	0~10	0~8	0~6	0~4	0~2

表 6-2 俯卧撑：男士健康评测表

	30 岁以下	30~39 岁	40~49 岁	50~59 岁	60 岁以上
强壮健康	51+	47+	40+	33+	28+
非常健康	41~50	37~46	31~39	25~32	21~27
健康	31~40	27~36	22~30	17~24	13~20
一般	21~30	17~26	13~21	9~16	5~12
差	0~20	0~16	0~12	0~8	0~4

俯卧撑的动作要领为身体向下，直至大臂与地面平行，同时收腹以防止背部下沉，测试时一定要确保动作准确。

男性 6 周初级训练计划及饮食计划

男性 6 周训练计划如表 6-3 所示，每个动作 4 组，每组 12 次，注意选择适合自己的负重。每天动作训练的最后，都可以做几组卷腹、平板支撑等强化腹部核心力量的动作。训练内容之外，可以在每个训练日安排 30 分钟的有氧练习，跑步或登山机均可。

表 6-3　男性 6 周初级训练计划

第一周	
星期一 腿	颈后杠铃深蹲 原地箭步蹲 直腿硬拉
星期二	休息
星期三 胸、肱三头肌	胸 平板杠铃卧推 上斜哑铃卧推 平板哑铃飞鸟 大飞鸟 肱三头肌 窄握平板卧推 绳索下压 直杠绳索下压

（续）

第一周	
星期四 **背、肱二头肌**	**背** 颈前高位下拉 俯身杠铃划船 屈腿硬拉 **肱二头肌** 曲杠弯举 上斜坐姿哑铃弯举 直杠绳索弯举
星期五	休息
星期六 **肩**	坐姿头上哑铃推举 站姿飞鸟 站姿杠铃提拉
星期日 **腿**	颈后杠铃深蹲 原地箭步蹲 直腿硬拉
第二周	
星期一 **胸、肱三头肌**	**胸** 上斜杠铃卧推 平板哑铃卧推 上斜哑铃飞鸟 **肱三头肌** 仰卧杠铃臂屈伸 窄握平板卧推 绳索下压

（续）

第二周	
星期二	休息
星期三 背、肱二头肌	背 颈后高位下拉 单臂哑铃划船 屈腿硬拉 肱二头肌 直杠弯举 上斜坐姿哑铃弯举 直杠绳索弯举
星期四 腿	颈前杠铃深蹲 原地箭步蹲 相扑式硬拉
星期五	休息
星期六 肩	站姿杠铃推举 坐姿侧平举 俯身哑铃飞鸟 站姿杠铃提拉
星期日 胸	上斜杠铃卧推 平板哑铃卧推 上斜哑铃飞鸟

（续）

第三周	
星期一 **背、肱二头肌**	背 颈前高位下拉 俯身杠铃划船 屈腿硬拉 肱二头肌 曲杠弯举 上斜坐姿哑铃弯举 直杠绳索弯举
星期二	休息
星期三 **胸、肱三头肌**	胸 平板杠铃卧推 上斜哑铃卧推 平板哑铃飞鸟 大飞鸟 肱三头肌 窄握平板卧推 俯身哑铃臂屈伸 绳索下压 直杠绳索下压
星期四 **腿**	颈后杠铃深蹲 颈前杠铃深蹲 原地箭步蹲 直腿硬拉
星期五	休息

（续）

第三周	
星期六 **肩**	坐姿头上哑铃推举 站姿飞鸟 站姿杠铃推举 俯身哑铃飞鸟
星期日 **背、肱二头肌**	背 颈前高位下拉 俯身杠铃划船 屈腿硬拉 肱二头肌 曲杠弯举 上斜坐姿哑铃弯举 直杠绳索弯举
第四周	
星期一 **肩**	站姿杠铃推举 站姿飞鸟 俯身哑铃飞鸟 站姿杠铃提拉
星期二	休息
星期三 **背、肱二头肌**	背 颈前高位下拉 俯身杠铃划船 屈腿硬拉 肱二头肌 直杠弯举 上斜坐姿哑铃弯举 直杠绳索弯举

（续）

第四周	
星期四 **胸、肱三头肌**	胸 上斜杠铃卧推 上斜哑铃卧推 平板哑铃卧推 大飞鸟 肱三头肌 窄握平板卧推 仰卧杠铃臂屈伸 直杠绳索下压
星期五	休息
星期六 **腿**	颈后杠铃深蹲 原地箭步蹲 相扑式硬拉 直腿硬拉
星期日 **肩**	坐姿头上哑铃推举 站姿飞鸟 站姿杠铃前平举 俯身哑铃飞鸟
第五周	
星期一 **腿**	颈后杠铃深蹲 原地箭步蹲 直腿硬拉
星期二	休息

（续）

第五周	
星期三 胸、肱三头肌	胸 平板杠铃卧推 上斜哑铃卧推 平板哑铃飞鸟 肱三头肌 仰卧杠铃臂屈伸 窄握平板卧推 绳索下压
星期四 背、肱二头肌	背 颈前高位下拉 俯身杠铃划船 屈腿硬拉 肱二头肌 直杠弯举 曲杠弯举 上斜坐姿哑铃弯举 直杠绳索弯举
星期五	休息
星期六 肩	坐姿头上哑铃推举 站姿飞鸟 站姿杠铃提拉
星期日	休息

（续）

第六周	
星期一 **腿**	颈前杠铃深蹲 颈后杠铃深蹲 原地箭步蹲 直腿硬拉
星期二	休息
星期三 **胸、肱三头肌**	胸 上斜杠铃卧推 上斜哑铃卧推 平板哑铃卧推 平板哑铃飞鸟 肱三头肌 窄握平板卧推 仰卧杠铃臂屈伸 直杠绳索下压
星期四 **背、肱二头肌**	背 颈前高位下拉 俯身杠铃划船 单臂哑铃划船 屈腿硬拉 肱二头肌 曲杠弯举 直杠弯举 上斜坐姿哑铃弯举 直杠绳索弯举

（续）

第六周	
星期五	休息
星期六 肩	站姿杠铃推举 坐姿侧平举 站姿杠铃前平举 站姿杠铃提拉
星期日	休息

男性增肌饮食计划

早餐	鸡蛋白 4~6 个 / 蛋黄 2 个 / 绿叶蔬菜不限 / 燕麦 1 大杯 / 维生素 1 片
上午加餐	蛋白粉 1 勺 / 全麦面包 1 片
中餐	瘦牛肉 200 克 ~250 克 / 西兰花 1 份 / 意面 1 份
下午加餐	蛋白粉 1 勺 / 全麦面包 1 片
晚餐	瘦牛肉 200 克 ~250 克 / 西兰花 1 份 / 意面 1 份
睡前加餐	缓释蛋白粉 1 勺

男性减脂饮食计划

早餐	鸡蛋白 4~6 个 / 绿叶蔬菜不限 / 燕麦 1 小杯 / 维生素 1 片
上午加餐	鸡蛋白 2 个 / 绿叶蔬菜 1 份
中餐	鸡胸肉 250 克 ~300 克 / 绿叶蔬菜 1 份 / 燕麦 1 小杯
下午加餐	绿叶蔬菜 1 份

（续）

晚餐	鱼肉或虾肉 250 克 ~300 克 / 绿叶蔬菜 1 份
晚上加餐	鸡蛋白 2 个（不饿不吃）

注： 计划中提到的肉类烹调方法，均为水煮，可适量适加胡椒等佐料。

女性 6 周初级训练计划及饮食计划

女性 6 周初级训练计划见表 6-4 所示。

表 6-4 女性 6 周训练计划表

星期一 **腿、臀**	**腿** 静蹲 30 秒 ×4 组 直腿硬拉 4 组 ×12 次 原地箭步蹲 4 组 ×12 次 **臀** 相扑式硬拉 4 组 ×12 次
星期二 **有氧训练**	静蹲 30 秒 ×4 组 快走或者慢跑 60 分钟（感觉微喘即可）

（续）

星期三 **胸、肱三头肌、三角肌前束**	胸 上斜杠铃卧推 4 组 ×12 次 上斜哑铃飞鸟 3 组 ×12 次 肱三头肌 直杠绳索下压 4 组 ×12 次 三角肌前束 站姿杠铃前平举 4 组 ×12 次
星期四 **有氧训练**	静蹲 30 秒 ×4 组 快走或者慢跑 60 分钟（感觉微喘即可）
星期五 **背、肱二头肌、三角肌后束**	背 颈前高位下拉 4 组 ×12 次 俯身杠铃划船 3 组 ×12 次 屈腿硬拉 3 组 ×12 次 肱二头肌 直杠绳索弯举 4 组 ×12 三角肌后束 俯身哑铃飞鸟 4 组 ×12
星期六	休息
星期日	休息

注： 每天训练末尾可以做几组卷腹、平板支撑等强化腹部核心力量的动作。每周的训练内容均按照该计划执行。

女性增肌饮食计划

早餐	鸡蛋白 3~4 个 / 蛋黄 2 个 / 绿叶蔬菜不限 / 燕麦 1 杯 / 维生素 1 片
上午加餐	鸡蛋白 2 个 / 绿叶蔬菜 1 份
中餐	虾肉或鱼肉 200 克 ~250 克 / 绿叶蔬菜 1 份 / 燕麦或糙米 1 小杯
下午加餐	虾肉或鱼肉 50 克 ~100 克 / 绿叶蔬菜 1 份
晚餐	牛肉 200 克 ~250 克 / 绿叶蔬菜 1 份
睡前加餐	鸡蛋白 2~3 个 / 蛋黄 1 个 / 绿叶蔬菜 1 份

女性减脂饮食计划

早餐	鸡蛋白 3~4 个 / 蛋黄 1 个 / 绿叶蔬菜 1 杯 / 燕麦 1 杯 / 维生素 1 片
上午加餐	黄瓜 / 西红柿（不饿不吃）
中餐	虾肉或鱼肉 200 克 ~250 克 / 绿叶蔬菜不限 / 燕麦或糙米 1 小杯
下午加餐	绿叶蔬菜 1 杯
晚餐	虾肉或鱼肉 200 克 ~250 克 / 绿叶蔬菜 1 杯
晚上加餐	鸡蛋白 3 个（不饿不吃）

注：女性在月经期的前三天不宜训练。月经期间，每天早上多摄入 1~2 个蛋黄。计划中提到的肉类烹调方法，均为水煮，可适量添加胡椒等佐料。

6 周训练计划动作示范图

胸

大飞鸟

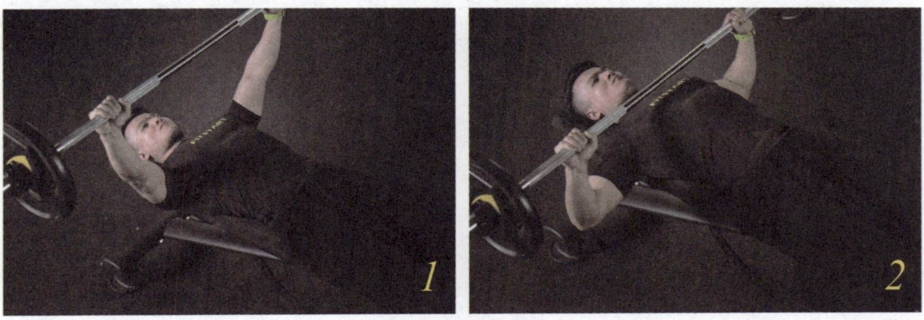

平板杠铃卧推

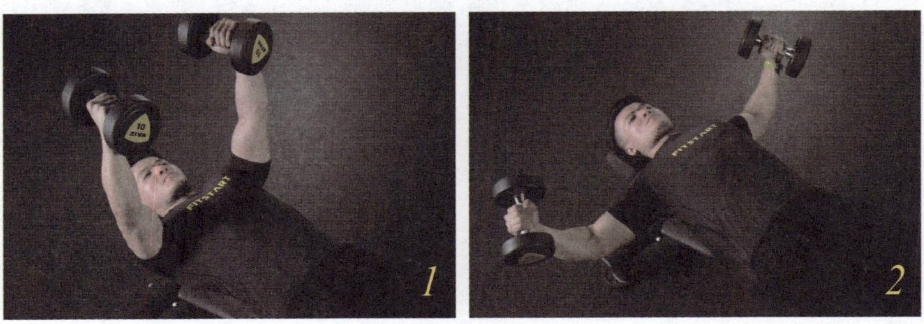

平板哑铃飞鸟

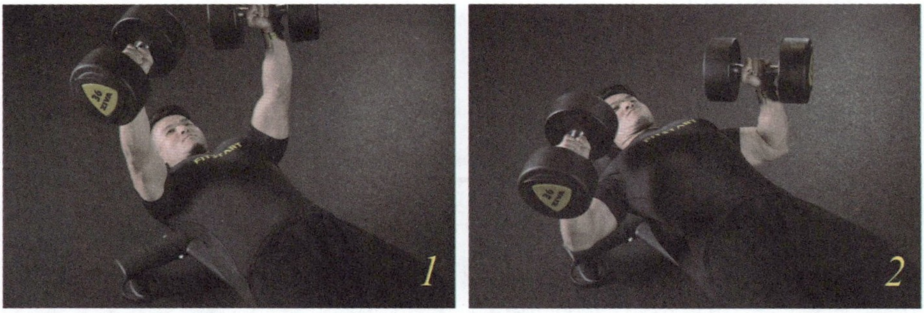

平板哑铃卧推

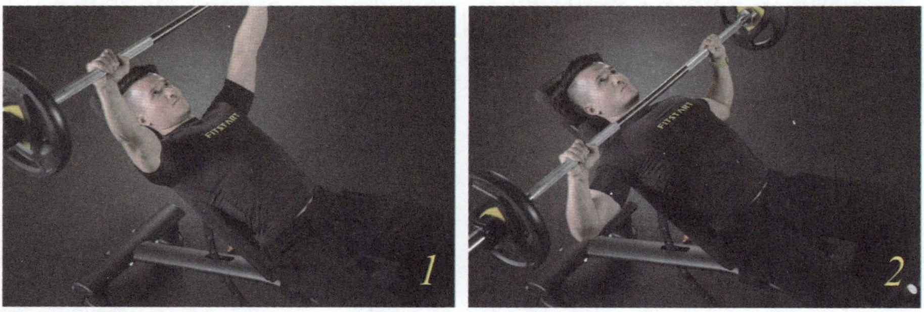

上斜杠铃卧推

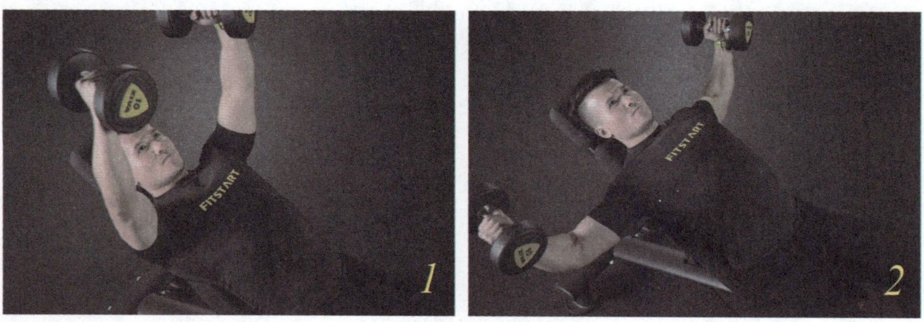

上斜哑铃飞鸟

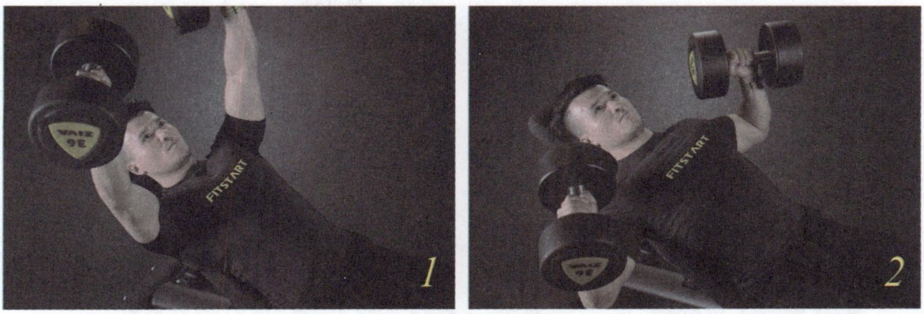

上斜哑铃卧推

背

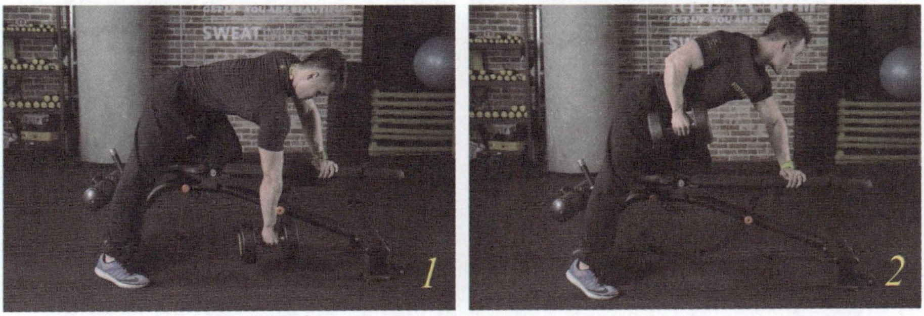

单臂哑铃划船

俯身杠铃划船

颈前高位下拉

颈后高位下拉

屈腿硬拉

臀、腿

颈前杠铃深蹲

颈后杠铃深蹲

相扑式硬拉

原地箭步蹲

直腿硬拉

自重深蹲

肩

俯身哑铃飞鸟

站姿飞鸟

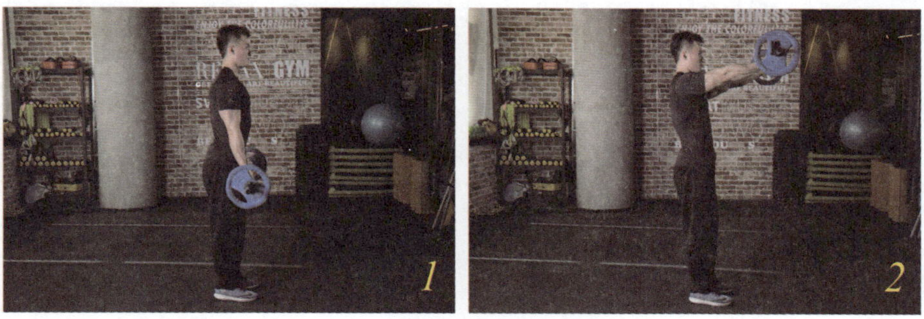

站姿杠铃前平举

站姿杠铃提拉

站姿杠铃推举

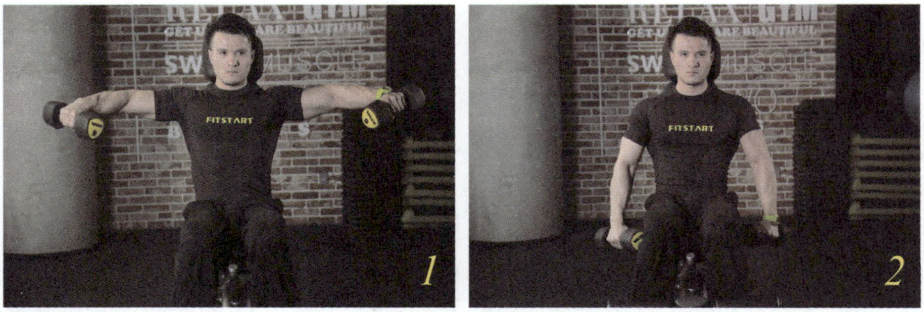

坐姿侧平举

坐姿头上哑铃推举

肱二头肌

曲杠弯举

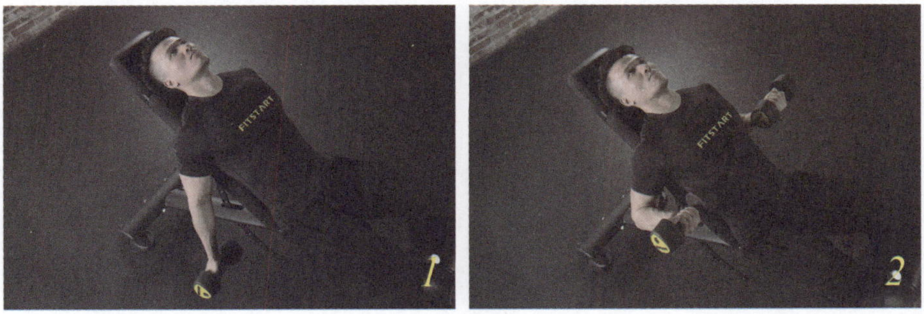

上斜坐姿哑铃弯举

直杠绳索弯举

直杠弯举

肱三头肌

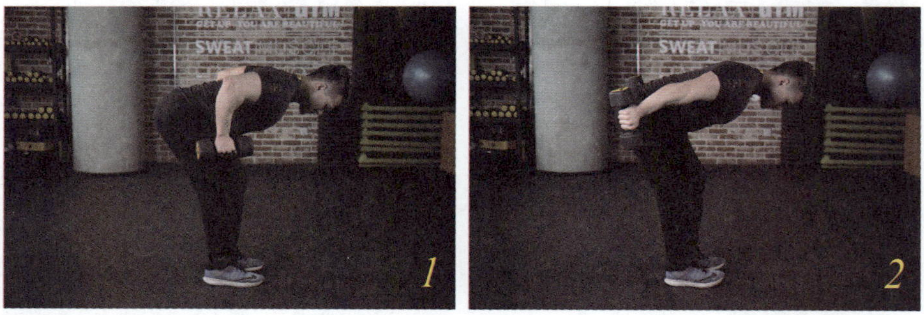

俯身哑铃臂屈伸

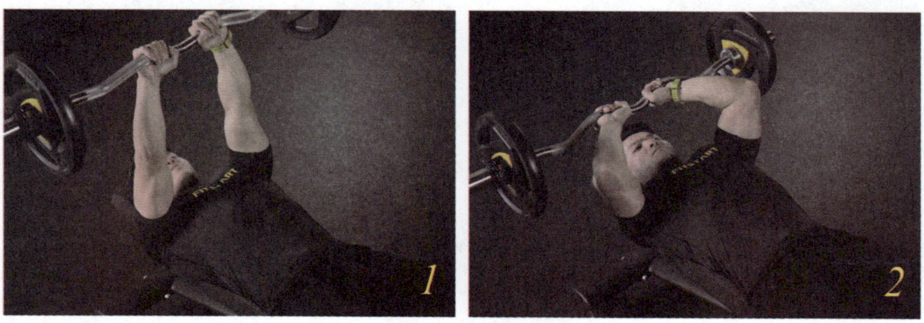

仰卧杠铃臂屈伸

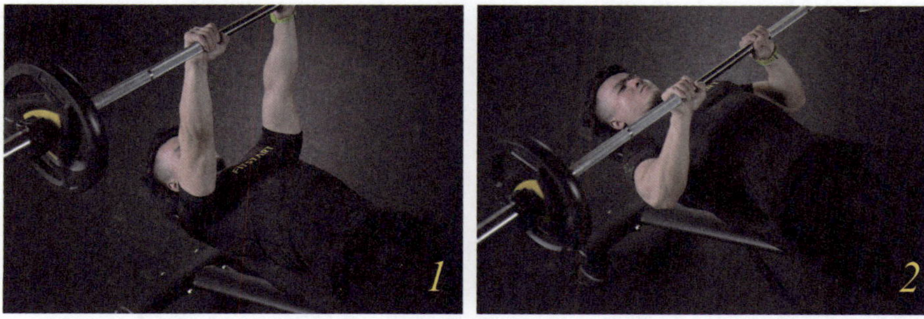

窄握平板卧推

绳索下压

直杠绳索下压